加谷珪一
Keiichi KAYA

富裕層だけが知っている
1%の金利の魔法

最強のお金運用術

複利こそが、宇宙最強の力である

——アルベルト・アインシュタイン

The most powerful force
in the universe is compound interest.

まえがき　金利という得体の知れない生き物

最初に断っておくと、本書は金利について「学ぶ」ための本ではない。あなたを**お金持ちの仲間入りさせるため**に書かれた本である。

世の中は、多くの投資本やお金持ち本であふれている。しかし、それを読んで実際にお金持ちになれた人は、どれほどいるだろうか。

投資でお金を増やすための情報とは、株価の予想や売買のタイミング、銘柄の選び方といったものがほとんどだろう。もちろんそうした情報自体は有益なこともあるのだが、残念ながら、それだけでお金持ちになることはできない。そこには、お金持ちになるための、大事な「知恵」が欠如しているのだ。

お金持ちが大切にしていながら、これまで注目されてこなかったものがある。それが「金利」である。

金利には、得体の知れない魔力がある。その力を使えば、**毎年100万円の投資で老後に「1億円」をつくることも不可能ではない**（実際に3割の人は達成できるという現実がある）。

お金持ちはみな、金利の魔力を利用して、お金を増やしている。一方、お金に縁のない人は、目先のお金ばかり気にして、それを死守することに血道を上げている。これではお金の増える力を自ら封印しているようなものだ。

「お金持ちは、現金があるのにわざわざローンを組んで不動産を買う」という話を聞いたことはないだろうか。

なぜお金持ちは進んで借金をするのか。その問いに明確に答えられないようなら、本書を読む価値は十分にあるだろう。

筆者は、誰でも金利の魔力をうまく引き出し、投資やビジネスに生かせるようになることを念頭に置いて、本書を執筆した。

もちろん金利の魔力を生かすためには、金利というものがどのような存在なのかよく理解しておく必要がある。したがって金利に関する理論についても、それなりにページを割いた。金利について包括的に解説した本はあまり多くないので、純粋に知識を得たいと思っている人にも本書は役に立つだろう。

だが、**もっとも本書を読んで欲しいのは、手元の貯金を銀行に預けて、お金の力を眠らせてしまっている人たち**だ。

金利の魔力は、資産家だけの特権ではない。これから1億円をつくりたいと願う人も、この魔力をうまく引き出すことができれば、資産形成に確実に役に立つ。その意味では、投資の初心者こそ必読と言える。

投資の世界では「金利が分かればすべてが分かる」とまで言われる。金利を制することが投資を制することと言っても過言ではない。金利を学ばなければ、いつまでたっても目先の現金に血眼になり、お金に稼いでもらう術を知らないまま、人生を終えてしまうだろう。

では、金利の魔力とは、いったい何なのか。

詳しくは後ほど説明するが、もっとも大事なのは「時間」との関係である。

金利は時間の概念と密接に関係しており、言ってみれば時間をお金に換算するための指標である。**金利の動きを知るということは、時間をうまくコントロールできるということに他ならない。**

投資というのは、時間に対するセンスがモノを言う世界である。

よく株価について、短期的には上昇するが、長期的には下落する、などと説明されることがある。短期と長期の時間軸をどう捉えるかで、結果は正反対になることさえある。よい銘柄を見つけることができても、時間感覚が身についていなければ、すべてが水の泡だ。

24時間はすべての人に平等だと言われるが、お金持ちと庶民の「時間」は、残念ながら平等ではないというのが現実である。

それだけではない。**金利を知れば、経済の動きが手に取るように分かる。**

よく**「金利は経済の基礎体温」**などと言われるが、金利の動きは経済のあらゆる分野に影響を与えている。この先、景気がどうなるのか、経済政策がどの程度効果を発揮するのか、多くの人が自分なりに予測をしているはずである。金利にはこれらの情報がすべて集約されると思ってよい。

本書をどう読むのかについては、もちろん読者の皆さんの自由だが、筆者としては、第1章から順番に読むことをお勧めしたい。

金利がこれまで捉えどころがないと思われてきたのは、個別の単語や知識しか注目されなかったからである。全体像を知ることで金利の理解は一気に進む。本書では、金利について包括的・感覚的に理解できるよう工夫を凝らした。

第1章では、まずは**金利が持つ魔力**に触れて欲しい。金利と時間との密接な関係を理解できれば、「今の100円と将来の100円は価値が違う」ことが直観的に理解できるはずだ。こうした金利感覚が身につくと、投資のセンスは劇的に上がる。

第2章では、金利の魔力が現実の経済にどう作用するのか、**経済学における基本的なメカニズム**について解説した。ここで説明した通りに現実の経済が動く保証はないが、金利と経済に関する基本的なメカニズムを知っているのと知らないのとでは、分析力に大きな差がつくだろう。

第3章からは、**金利に関する本題**に入る。この章に書いてあることをマスターできれば、今、話題になっている量的緩和策の結果を予測し、未来に先回りして動くこともできるようになる。

第4章においては、**金利が持つ魔力を投資に応用**していく。株価を分析するにあたって、金利の動きを知ることがいかに大事なのか分かるはずだ。また金利の動きが金融株にどのような影響を及ぼすのか、金利の動向が割安株、成長株の選別にどう影響を与えるのかなど、個別のテーマについても論じた。

第5章は、壮大なテーマを扱った。**500年単位の歴史**を考えた時、金利がどのような役割を果たしたのかについて解説した。長期的な視点でお金を増やしたい人、お金の教養を身につけたい人には必須のテーマだろう。

本書を読み終えたら、もう一度、市場の様子をじっくりと眺めて欲しい。

これまでとは違った光景が見えているはずだ。

ここまでくれば、あなたにとって金利はもはや魔物ではない。老後資産1億円を達成するための強力な武器に変身しているだろう。

1%の
金利の魔法

CONTENTS

1章 金利の魔力に触れる

2章 金利に支配された「経済」をつかむ

3章 金利の本質を知る

4章 金利の魔力でお金を増やす

5章 金利から「歴史」を学ぶ

1章

金利の魔力に触れる

なぜお金持ちは現金があるのにローンを組むのか

――お金持ち特有の、お金と時間の感覚

多くの人は住宅ローンを組むのはお金がないからだと考えている。現金で家を買えるだけのお金がないので、銀行からお金を借りて家を買うという理屈である。もちろん、この話はほとんどの人にとってウソではない。現金でポンと家を買える人はそうそういない。現実問題として銀行からお金を借りなければ、家を買うことはできないだろう。

だが世の中には、家を買うことができる現金を持っているにもかかわらず、わざわざローンを組んで家を買う人がいる。こうした人はたいていがお金持ちである。当然のことだが、住宅ローンを組めば、金利を金融機関に支払わなければならない。絶対的な金額という意味では損をしてしまう。

では**お金持ちの人は、なぜ現金を持っているのにわざわざローンを組んで不動産を買うのだろうか。**その理由は、お金持ちの人たちは、金利が持つ意味を熟知して

おり、それをフル活用してお金を増やそうと考えているからである。

不動産を購入する絶好のチャンスはいつ？

最近では2003年前後や2010年前後にこうした動きが顕著となっていた。共通しているのは不動産価格の異常な低迷である。

日本の不動産価格はバブル経済の頂点だった1991年を境に下落が続いており現在は当時の半分以下の水準となっている。しかし、その間、バブル後の不良債権問題がピークに達した2003年から、米国のリーマン・ショックの2008年までの間は、一時的に不動産価格が息を吹き返していた。2003年前後には、価格を考えず投げ売りする物件が急増し、不動産の投資利回りは異常な水準まで上昇していたのである。

リーマン・ショック後も同様で、一部の物件は投げ売り同然となり、その頃に不動産を取得すれば**驚異的な利回り**を実現できた。

このような**チャンスをお金持ちは決して逃さない**。そしてタイミングを逃さないためにお金持ちは金利の知識をフル活用するのだ。

2002年から2003年にかけて、それまで平均すると1・5%程度だった長期金利が一気に0・5%まで下がった時期があった。これは金利のメカニズムをよく知っている人にとっては強力なサインとなる。このようなタイミングでは、**思い切って銀行からローンを引っ張り、多くの不動産を買った方が得**なのだ。

実際、その後、不動産価格は急上昇し、高値で売却できた人は短期間で極めて大きな資産を作ることに成功した。

リーマン・ショック後も同様である。

2009年4月には1・4%程度だった長期金利が2010年8月には1%を切る水準まで低下している。この時も、後になってみれば、アベノミクス相場における最大の買い場となっていた。

では、こうしたタイミングでお金持ちの人はなぜ金利を払ってローンを組むのだろうか。単純に考えれば、不動産がこの先上がりそうなので、銀行からお金を借りてたくさん不動産を買ったということになる。

しかし、一連の行為をもう少し掘り下げて考えてみると、もっと違った光景が見えてくる。重要なことは、金利というのは「時間」の概念と密接に関係しているという点である。

金利は投資タイミングを教えるシグナル

ここで金利に関する重要な考え方を2つ提示しておこう。これは、あらゆる経済活動の基礎となるものなので、しっかりと頭に入れておいて欲しい。

①金利というものは、現時点での将来見通しを示したものである
②金利を払うという行為は時間を買うことと同じである

両者に共通しているのは時間の概念である。金利を見ることで、市場が将来の動向についてどう考えているのかを知ることができるし、金利を支払うことによって、時間を能動的にコントロールすることができる。金利を制するものがビジネスや投資を制するのは、時間を自由に操ることができるからだ。

先ほどの不動産投資のケースでは、ベストなタイミングでローンを組んで物件を買った人は、金利の動向を見て投資のタイミングを決断している。つまり金利には、今後、市場がどのように推移するのかという見通しのヒントになる情報が含まれているということになる。

また、お金があるにもかかわらずローンを組んだということは、この人の中には、**ローンを組むという行為は時間を買うことと同じ**だという明確な認識が存在している。その点において、お金がないから借りる人とは考え方が180度違っている。

詳しくは後ほど説明するが、金利が高いということは、今後、物価が上がると多くの人が予想していることを意味している。物価が上がっている時は好景気であることも多いので、景気が拡大すると予想していると解釈することもできるだろう。

逆に金利が下がっている時は、多くの人が今後は物価が下がり、景気が縮小すると考えていることになる。

では、ある時期、これまでの動きとは大きく乖離して金利が急低下した場合はどうだろうか。景気や物価というのは、数日で変化するようなものではなく、半年や1年という時間をかけて状況が変わっていくものである。

それにもかかわらず、ごく短い時間に、大幅に金利が下がるということは、市場参加者の心理が急激に悪化したことを意味している。すべてのケースに当てはまるわけではないが、このような時は、**市場が底を打つサイン**になることが多い。

２００３年や２０１０年の金利低下局面はまさにこうしたタイミングだった。

多くの人は、株価や不動産価格など、資産価格の推移しか見ていない。このため、価格が急激に下落すると、この先もっと下がるのではないかといった不安が先に立ってしまい、安く買えるチャンスと認識できなくなってしまう。逆に、まだまだ下がる可能性があるにもかかわらず、安易に飛びついてしまい、含み損を抱えてしまうということもあるだろう。

もちろん金利動向を分析したからといって、将来の動きを確実に予想できるわけではない。だが金利の動きを知っているのと知っていないのとでは、判断の結果に大きな違いが出てくるはずだ。

今、説明したように、金利の動きは市場のボトムを知らせてくれる一方、市場のピークについても有益な情報を提供してくれる。

１９８０年代後半のバブル崩壊前夜、市場参加者の誰もが株価の上昇を信じて疑わなかったと言われているが、金利はそうではないことを如実に示していた。

１９８７年に４％台だった長期金利は上昇を続け、１９９０年には９％に達する勢いになった。これまでのトレンドから相当乖離した水準である。株価は一旦上昇相場が始まると、青天井で上昇が続くことがある。だが金利は、ハイパーインフレにでもならない限り、上限がある程度決まってくるので、株式や不動産よりもピークを把握しやすいという特徴がある。

実際、金利が急騰したこのタイミングが株価のピークであり、このタイミングで債券に乗り換えた投資家はごくわずかだが存在する。彼等は周囲がバブル崩壊に苦しむ中、**年利９％という驚異的な利回りを長期間にわたって享受**することができた。

リーマン・ショック直前も同様である。米国の長期金利は基本的には長期的な下落トレンドだったが、株や不動産価格が暴落する前の2年間はトレンドを乖離した上昇が見られた。金利の動向に注意を払っていれば、リーマン・ショックもある程度は予想できたことになる。

金利というのは将来見通しを示したものだという話は、具体的にはこのようなことを意味している。

お金を借りるとレンタル料が発生するのはなぜか

――お金の時間価値、残酷な真実

金利のもうひとつの考え方である「時間を買う」というのはどのようなことを指しているのだろうか。金利が持つ意味を理解するためには、そもそも金利とは何なのか整理しておく必要があるだろう。

レンタルショップは時間を売るビジネスだ

金利というのはお金を貸した時に、借り手が負担しなければならないコストのことを指している。借り手が1年後に返済するという約束で100円を貸し手から借りた場合、借り手は1年後に100円だけを返せばよいというわけではない。

もし金利が5%であれば、借り手は貸し手に対して、1年後に5円を加えた

105円を返済することになる。この追加コスト分が金利ということになる。

これは言い換えれば、お金を借りる時に発生する**レンタル料**ということになるだろう。

例えばレンタルショップなどでDVDを1週間借りると、200円から300円程度のレンタル料を支払う必要がある。つまり借りた商品を返却することに加えて、レンタル料を相手に支払っており、これによってレンタル・ビジネスが成立することになる。

お金の場合も同様で、返却の際に元本を返すだけでは不十分であり、それにプラスして金利という追加のコストを支払わなければならない。この金利が銀行など貸金業の収益源となっているわけだが、ここで重要なのは、このレンタル料がなぜ発生するのかという点である。

DVDをレンタルするとレンタル料が発生する理由は感覚的にも理解しやすいだろう。DVDは使えば使うほど劣化してくるので、レンタル料を取らなければ、いずれDVDは使いものにならなくなり、レンタルショップは損をしてしまうからだ。

だが、レンタルショップにとっては、劣化したDVDのコストがカバーできればよいというわけではない。それにプラスされる利益があって初めてビジネスとして成立するようになっており、そこには何らかの付加価値が存在している。

その付加価値は何なのかというと、**時間を提供したことへの対価**なのである。

どういうことかというと、DVDを借りた人は、本来、すぐに返す義務があるところを、レンタル料を支払うことで、1週間や10日といった期間、DVDを返却しなくてもよいという猶予を手に入れる。

つまり、金利を払ったその時間については、自由に使うことが許されているということになるので、借り手にとっては時間を買ったことと同じになる。ここでのレンタル料は、返却までの時間代なのだ。つまりレンタルショップはDVDを貸してビジネスをしているというよりも、実は、時間を提供してビジネスを行っているということになる。

1日24時間は、決して平等ではない

お金の場合には、この傾向はさらに顕著となる。

金利が発生する理由

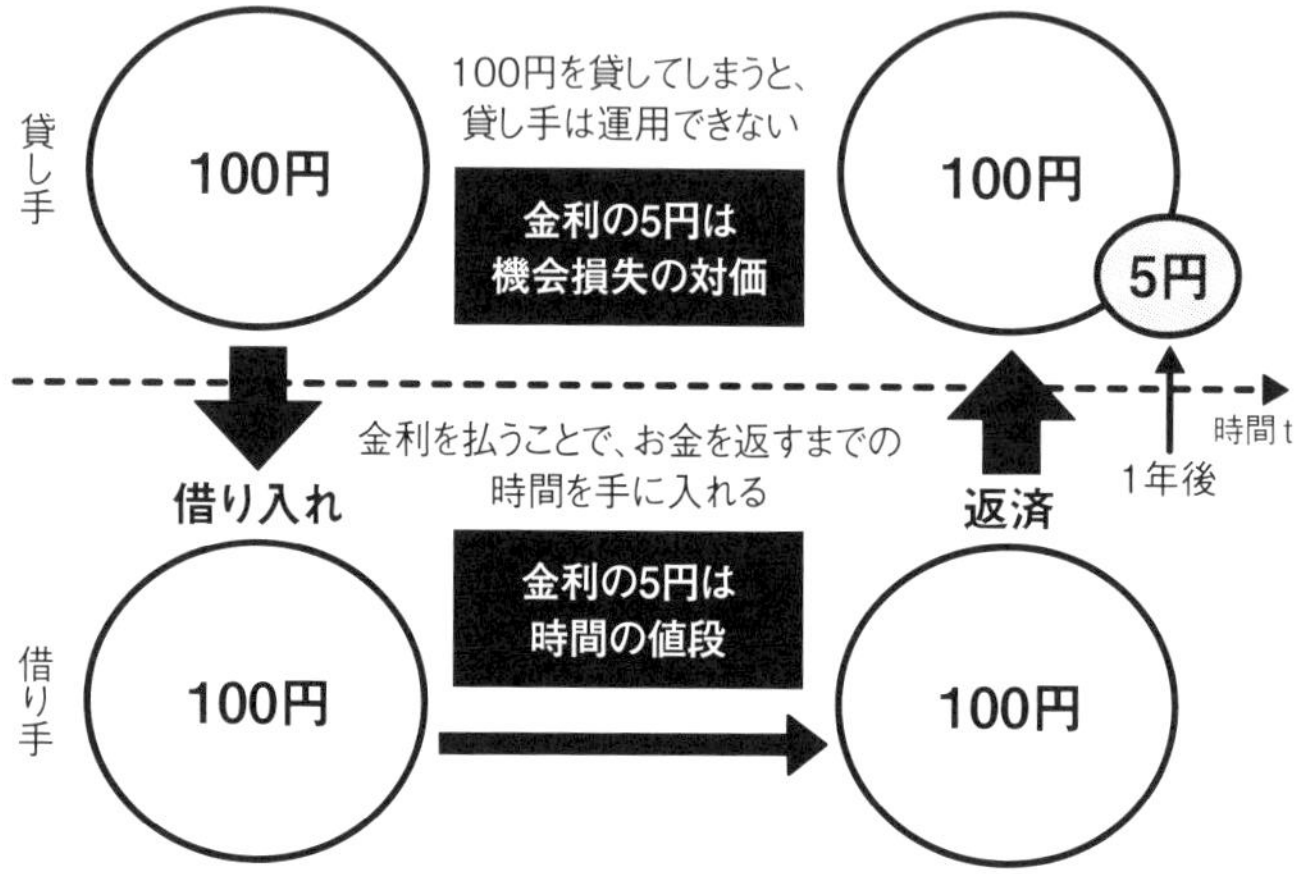

DVDと違って、お金は持っているだけでは劣化しない。つまりお金のレンタル料の中には、商品が劣化することへの対価は含まれていないことになる。

お金の場合には、お金が手元にないことの機会損失を穴埋めするというニュアンスがより強くなってくる。

お金が手元にあれば、人はそれを事業や株式、不動産などに投資し、お金を増やすことができる。しかし、誰かにお金を貸してしまうと、貸した人は、お金が手元になくなるので、お金を増やすことができなくなってしまう。

本来、得ることができたはずの収益を得られないという点で、貸した人は確実に損をする。金利というのは、この**機会損失を埋めるための手当て**と解釈するのが自然である（図）。

お金を借りた人から見れば、コストを払って支払いまでの時間を買い、その間に運用するという機会を得たことになる。運用の機会を、コストを払って獲得するというところにこの話の重要性がある。

先ほど、家を買うキャッシュがあるにもかかわらず、あえてローンを組んで不動産を購入するケースについて説明したが、こうした行為というのは、まさに運用の機会を、お金を出して購入したということになるのだ。

お金持ちの人は、金利の動向に常に注意を払っており、市場が過度に悲観論に陥っていることや、過度に楽観論に染まっていることについて敏感に察知する。つまり、過度に資産価格が下落している時というのは、彼等にとっては、最大の投資チャンスなのである。

しかし、その投資チャンスは、ずっと続くわけではなく、将来、お金を稼いでから投資するというわけにはいかない。今、お金を投じなければそのチャンスはモノにすることができない。

このチャンスをうまく生かすためには、可能な限りの金額を今のタイミングで投資することが重要であり、そのためにはコストを払ってでも、時間を買わなければならない。

銀行からお金を借りてきて不動産を買うという点では、お金がないのでローンを組んだ庶民と時間を買ったお金持ちには大きな違いはない。だが、そこに至るまでの考え方において両者には大きな隔絶がある。

金利というのは時間を買うための値段だという感覚があると、世の中の見え方が大きく変わってくるはずだ。

世の中には、消費者金融のように、比較的高い金利で個人にお金を貸し付けるビジネスというものが存在する。こうした貸付けの金利が高いのは、借り手の信用力が低いので、貸し倒れた場合の損失を考えた結果であると認識されている。もちろん、その概念に間違いはなく、高い金利を取らないと消費者金融の事業者はやっていけない。

しかし一方では、こうした金融サービスの利用者は、時間に追われていると解釈することもできる。消費者金融の利用者は、別なところから、何らかの支払いを求められており、それに対応するために、高い金利を払ってお金を借りていることが多い。

つまり、**消費者金融の利用者には時間がなく、支払いまでの猶予という時間を高いコストを払って買っている**と解釈することもできる。

こう考えてみると、**時間というものは必ずしも平等ではない**ということが分かってくるはずだ。

1日24時間は誰にでも平等だという言葉を聞いたことがあるのは一度や二度ではないだろう。しかし現実には、ビジネスチャンスをモノにし、より多くのお金を得るために、必要なコストを払って時間を買う人がいる一方、マイナスをこれ以上拡大しないために、やむを得ず、高いコストを払って時間を買っている人もいる。また、こうした人たちに時間を提供することで対価を得るというビジネスも存在しているのだ。

より多くのお金を稼ぐためには、お金と上手に付き合う必要があるのだが、それは時間とうまく付き合うということでもある。時間を制するものがお金を制するということであり、それは言い換えれば金利を制するものがお金を制するということでもある。

金利マジック オンパレードの金融商品にダマされるな

——物価の動向と金利情報

多くの人は、より高い金利を求めて様々な金融商品を比較検討している。しかし、こうした金融商品の購入者の中には、金利＝時間という感覚が乏しい人もいる。

金融機関が提示する金利情報は、時間をうまく活用したマジックのオンパレードである。時間感覚が乏しい人が、あまり吟味せずにこうした金融商品を買ってしまうと、思わぬ失敗を招く可能性がある。

知らぬ間に銀行の「カモ」に

例えばここに、年利1％の半年定期預金があり、100万円を預けると仮定する。半年後に満期で戻ってくるお金は101万円と考えた人は、まだ時間感覚は十分ではない。この商品の金利は、1年で1％なので、半年では0・5％になり、戻ってくるお金は100万と5000円である。

金融機関側は、利用者が**半年で1万円がもらえると勘違いすることを事前に想定して**この商品を売っている。悪質な宣伝にならない範囲で、分かりにくく書いてあるので、利用者の側はしっかりと吟味しなければならない。

半年で1%なのか年で1%なのかという違いであれば、もらえると期待した利子の金額がちょっと少ないというだけで済む。だが、高い金利に惹かれて、深く考えずに外貨建ての商品に手を出すようなことになるとそうも言っていられなくなる。

このところ銀行預金が事実上のゼロ金利となってしまい、預金を増やすことが難しくなっている。このため金利の高い外貨預金に切り替える人が増えている。

筆者は海外に分散投資することについて推奨する立場だし、実際に自身の資産の半分以上が外貨ベースになっている。だが、金利のことをよく理解しないまま異なる国の通貨に投資をするのは避けた方がよいだろう。

ここでは高金利の外貨預金について考えてみる。

本章においてすでに解説してきたように、金利というのは、時間の概念と大きく関係している。金利がなぜ発生しているのかという理由を考えれば、高い金利の商品が持つ意味も理解できるはずである。

お金の貸し借りに金利が発生するのは、お金を貸してしまうと、その間に貸し手はお金を運用することができなくなるからである。つまり、金利というのは、同じような運用をした時の期待収益と考えればよい。

現在、日本国内の銀行預金の金利はほぼゼロ％だが、新興国などの銀行の中には数％の金利を付与するところもある。同じ銀行預金であるにもかかわらず、なぜこのような差がついているのだろうか。

その理由は**物価の動向**である。

日本はデフレからの脱却を目指しているが、あまりうまくいっていない。物価が大きく上昇する見込みは少ないことから、お金を貸す人はあまりインフレの影響を心配する必要はない状態が続いている。

だが、**インフレが進み、物価上昇が激しい国では、お金を貸す人は、時間軸についてよりシビアに考える**必要がある。

今、１００円を貸して1年後に１００円を返済してもらう場合、その金利がいくらなら妥当なのかという数字はインフレ率によって大きく変わってくる。1年後に物価が10％値上がりしていた場合、その時には、最低でも110円を返してもらわないと割に合わない。つまり金利が10％ということは、物価上昇の見込みが10％あることとイコールになるのだ。

そうだとすると、**年利10％の金利がつく外貨預金の場合、その国の経済圏では1年後に物価は10％上がっている**と皆が予想していることになる。

同じリスクの少ない銀行預金で、片方はほぼゼロ金利、もう片方では10％の金利ということであれば、高い金利の預金は非常に有利な運用先に思えてくる。だが現実は必ずしもそうとは限らない。物価が上昇すると、為替が大きく変動する可能性が高まってくるからだ。

外貨預金、年利10％のカラクリ

長期的に見た場合、為替を変動させる最大の要因は物価である。

基本的には、物価が上がっている国の通貨は安くなり、逆に物価が下がっている国の通貨は高くなるのだが、その理由は、世界には**「一物一価」の法則**が成立しているからである。

一物一価の法則は、同一の商品なら世界のどこで買っても、本質的な価値は変わらないというもので、よく引き合いに出されるのが、各国のマクドナルドの価格を比較した、いわゆるビッグマック指数である。

ビッグマックが日本で400円、米国で4ドルで売られていたと仮定する。またこの時の為替レートは1ドル＝100円と仮定する。

日本はインフレにはなっていないので、来年もビッグマックの価格は400円である可能性が高い。しかし米国はインフレが進んでおり、10％の金利が付いているとする。そうなると、米国では同じ商品の値段が上がっていくので、来年にはビッグマックの価格は4ドル40セントになる。

しかし、米国がインフレだからといって、いつまでもビッグマックの価格が上がり続けるわけではない。米国の物価が2倍になり、例えばビッグマックの価格が8ドルになったとすると、日本において400円でビッグマックを仕入れて、米国に持っていけば、1ドル＝100円なので4ドルでビッグマックが手に入る。このビッグマックを8ドルで売れば、何もしなくても4ドルを儲けることができてしまう。

そうはならないというのが一物一価の法則である。現実には**インフレによる物価の差を為替レートが調整**してしまうのだ。

物価が2倍になると為替はドルが安くなり、このケースでは1ドル＝50円になってしまう。ビッグマックを日本で400円を出して買っても、この為替レートでは米国では8ドルになってしまい、転売しても儲からない。

つまり、物価が上昇する国の為替レートは安くなり、物価が下落する国の為替レートは高くなる。金利が高く物価上昇が激しい国の通貨は安くなることが多く、そうした国の外貨預金での利益は為替が調整してしまい、国内預金と変わらなくなる可能性が高いのだ。

これに加えて為替には高額な手数料が発生する、手数料をプラスすると、実はかなり割高になっているという商品は多い。

為替はただ無意味に上下しているわけではない。常に二国間の物価がどう推移するのか市場参加者が見極めた結果として為替レートが決まっている。物価と金利は連動しているので、結局のところ為替と金利を分けて考えることは難しいということになる。

「複利」は宇宙最強の力である

——複利効果と長期投資のメリット

金利が持つ時間的な側面をフル活用したのが、いわゆる複利効果を狙った投資ということになる。投資の世界ではよく、長期投資のメリットが主張されているが、複利効果はまさに長期投資の醍醐味と言ってよいだろう。

複利効果は時間が経てば経つほどその効果が大きくなってくる。最終的には直感で得られる数字とはかなりかけ離れた驚くべき結果が得られるはずだ。

金融マンが目安にする「7%・10年・2倍」の法則

例えば、100円を5%の利回りで運用すると、1年経過すると105円になっている。ここで得られた5円をそのまま再投資に回せば、次の年には105円の5%、つまり5・25円が返ってきて金額は110・25円になる。これを長期にわたって繰り返すと、想像よりも遙かに大きな金額に育っていく。

このケースでは10年再投資を続けると、資産は約1・6倍に、20年続けると何と2・7倍にもなっている。ただ再投資を繰り返しているだけで、これだけの規模に資産は膨れあがってくるのだ。

複利の投資でどのくらい資産が増えるのかというのは、7％の金利で10年という期間を目安にするとよい。これは多くの金融マンが日常的に活用している方法である。

7％の金利で10年間、複利で運用すると資産規模は約2倍となる。逆に、10％の金利で7年間の運用でも約2倍となる。とにかく7％で10年間、もしくは10％で7年間運用すると2倍になると覚えておけばよい。これに加えて5％の場合には14年間で2倍と暗記しておけばよい。

これらの感覚が理解できていると、何％の運用でどの程度の利益になるのか、計算機を使わなくても、おおよその数字を推定することができるようになる。

例えば、3・5％で10年間ということになると、7％で10年間の投資の半分くらいなので、1・5倍程度ではないかと推測できる（実際は1・41倍）。5％で期間が

20年ということになると、２倍よりも大きく3倍よりも小さそうだといったところだ（実際は２・65倍）。

実際に投資をする場面ということになると、まとまった額を一気に投じるというよりも、毎年一定金額ずつ投資を積み上げていくケースが多いかもしれない。それでも期間が長期になれば、複利で投資する効果は相当なものになる。

例えば毎年１００万円を30年間積み立てるというケースを考えてみよう。

毎年１００万円で30年間なので何もしなければ、30年後には金額は３０００万円になっている。本当にこれだけの貯金ができれば、それはそれでなかなか素晴らしいことだが、あくまでただの貯金であり、当然のことながら、貯めた分の効果しかない。

しかし毎年投資した１００万円が３％で運用され、運用益がすべて再投資に回されると仮定すると30年後に投資金額はいくらになっているだろうか。さすがにこれは感覚的に求めることができないのでエクセルで計算してみると４９００万円になる。何もしない場合と比べて１・６倍だが、金額が金額なので両者の差は極めて大きいと考えてよいだろう。

老後の備えということであれば、1900万円の差はかなり大きい。複利の効果が得られるのは、最初の方に投資した金額のみだが、それでも期間が長くなると、複利の効果が大きくなってくることが分かる。

実は資産家の多くはこうした複利の効果をフル活用している。時間が経過すればするほど、知らず知らずのうちに資産が増えてくる。**一定以上の資産があれば、無理にリスクのある運用をしなくても、金利の力を借りるだけで、さらに資産を増やすことが可能**となるのだ。

毎年100万円を30年投資した、驚くべき結果とは

ちなみに過去50年のデータを分析すると、**日本株は平均すると約6%の利回りがある**。もちろんバブルの頂点など最悪のタイミングで投資してしまった場合にはどうしようもないが、平均すれば6%のリターンが得られている。

先ほどの、毎年100万円を積み立てるケースに6%のリターンを当てはめてみると、その結果はさらに驚くべきものとなる。30年後の金額は何と8400万円を

超え、億の単位の数字が見えてくる。富裕層が持つ資産規模が具体的な視野に入り始めるのだ。

もっとも株式投資にはリスクというものがあり、確実に6％のリターンが保証されるわけではない。では実際にはどの程度の金額になるのだろうか。

先ほど日本株は過去50年の平均で6％程度のリターンがあると説明した。一方、日本株の過去の平均的なリスクは±25％程度である。

リスクというと一般的には危険性という意味で使われているが、投資理論の世界では少しだけ定義が異なっている。

投資理論におけるリスクという概念は、1年間のうちに株価が上下に変動する幅のことを示している。厳密には統計学上の1σ（約68％）の確率で株価は上下25％の範囲内に収まることになる。

基本的に株価は毎年6％ずつ上昇するものの、毎年25％のブレが生じる可能性があるという意味だ。上にブレれば、期待収益よりもさらに大きな金額になるし、下にブレれば、期待収益を下回ることになる。

また投資した時期によって上ブレが続くこともあるし、下ブレが続くかもしれない。投資する期間が長ければ長いほど、こうした株価のブレを回避することができるので、平均的なリターンに近づいていくことになる。

最終的に金額がどのような分布になるのかは、パソコンを使ってシミュレーションするとよりはっきりしてくる。

ここでは、パソコン上で一定の確率分布で乱数を発生させ、何千回も試行を繰り返すというモンテカルロ法という手法を用いた。これによっていくらの資産になるパターンがどの程度の頻度で発生するのかが分かる。

実際にシミュレーションした結果を見ると、6%の利回りで単純計算を行った場合の金額である8400万円を超える確率は30%ほどになる。

また、何もしないで貯蓄だけした時の金額である3000万円を超える確率ということになると、こちらは70%に達する。一方、3000万円を下回ってしまう人も30%ほど出てくることになる。整理すると、**約3分の1の人が損をして、3分の1の人は億近い資産となり、3分の1の人は想定通りの儲けになる**という図式だ。**3分の**70%の確率で損せずに済み、場合によっては億の資産に手が届くということであれば、やってみようと考える人が多いのではないだろうか。

毎年100万円を30年間株式投資し続けると

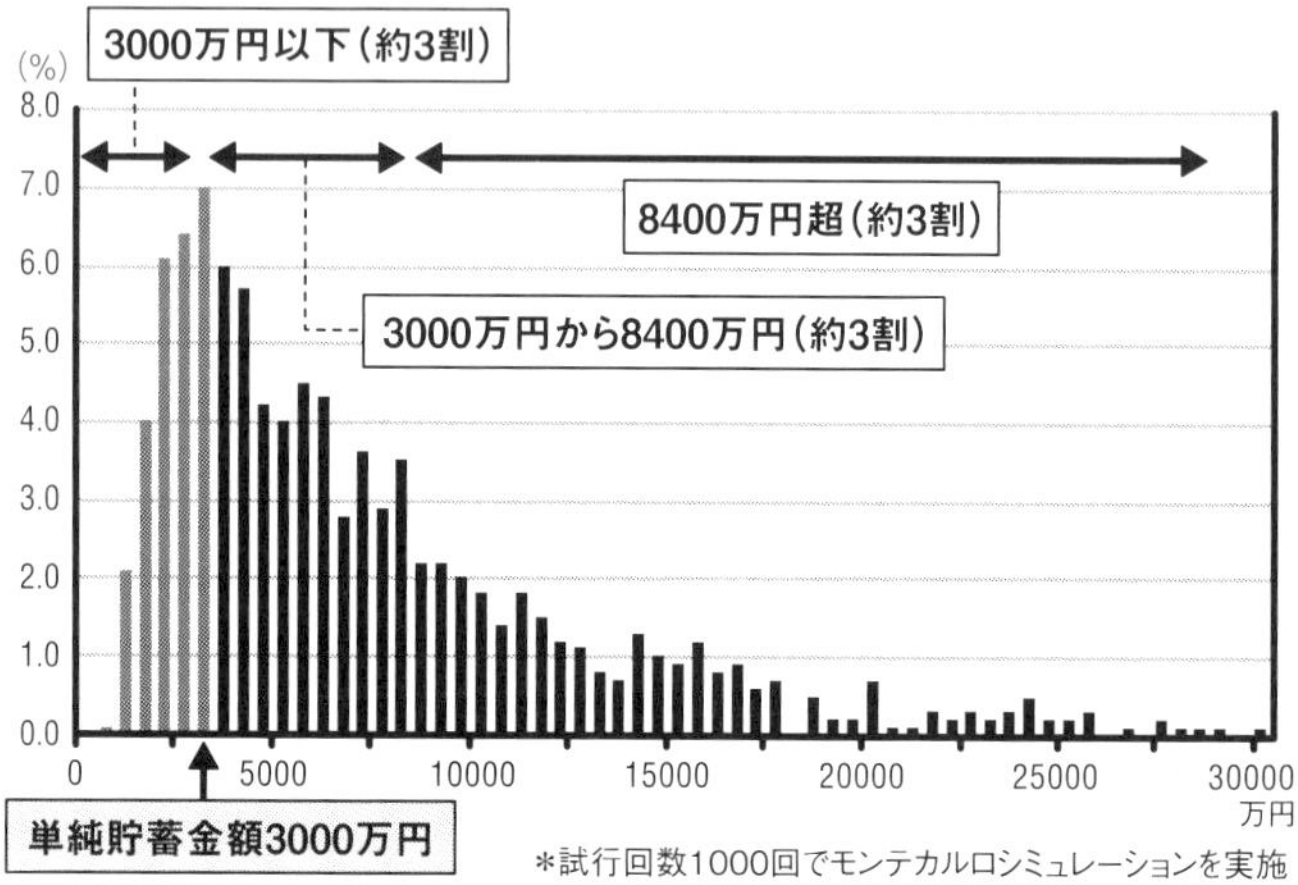

＊試行回数1000回でモンテカルロシミュレーションを実施

もちろん、このシミュレーション方法にもいろいろと難点がある。

ここには税金や手数料が加味されていないので、現実にはもっとパフォーマンスが悪くなってしまう。投資信託が多かったり、売買頻度が高かったりすると、手数料分だけでもかなりの金額となってしまうだろう。また、この計算では正規分布を用いたが、実際の確率分布はもう少し違った形になるとも言われる。

ただ、複利の効果を狙って長期で投資をすることのメリットが大きいことは間違いない。長期投資でリスクが減るわけではないが、前向きに検討する価値はありそうだ。

目の前の100万円と1年後の100万円

――金利でビジネスセンスを磨く

金利が持つ本質的な意味が分かってくると、ビジネスに対する感覚も変わってくるかもしれない。なぜなら、同じ金額でも受け取る時期によって価値が違ってくるからだ。

金払いの遅い会社は取引先の利益を搾り取っている

すでに何回も解説しているように、お金というものは持っているだけで運用益を稼ぐことができる便利な存在である。逆に言うと、手元にお金がないと運用することができないので、実質的には損失を意味している。

例えば、今、手元にある100万円と、来年、受け取る予定の100万円の2つがあるとしよう。手元の100万円はすぐに自由に使えるが、来年、受け取る100万円は来年にならないと使えない。来年のボーナスとでも考えればよいだろうか。

今、手元にある100万円の価値は当たり前のことだが100万円である。では1年後に受け取る100万円の価値も100万円かというとそうではない。

来年受け取る予定の100万円は、金利という概念が存在する世界では100万円の価値はない。もう少し小さな金額になってしまうのだ。

どういうことかというと、来年受け取る100万円を今受け取ることができれば、そのお金を運用して増やすことができる。金利が5％だったら来年にはそのお金は105万円になっているはずだ。

この話を逆に考えると、来年受け取る100万円は、今の価値に換算するともっと金額が少なくなる。5％の金利ということを考えると、現時点で持つお金を5％で運用すると来年に100万円になるという意味なので、計算すると95・2万円というのが、来年受け取る100万円の現時点での価値である。

こうした考え方は**金融工学**の世界ではごく常識的なものとなっている。将来受け取るお金について金利分を割り引き、今の価値に換算したものを「**現在価値**」と呼ぶ。つまり将来受け取るお金は、時間の経過分、割り引いて考える必要があるという意味である。

実はこうした時間を活用したテクニックはビジネスの世界ではあちこちに見られるものである。

日本のビジネス市場は前近代的な慣行が数多く残されており、元請け企業とそれに従属的な下請け企業という関係がよく観察される。すべての大手企業がそうではないが、下請け企業に対して、代金支払いまでの期間を過剰に長く設定しているところがある。そのような企業は、見えない形で下請け企業から利益を搾り取っていることになる。

例えばあるメーカーが部品を下請け企業に発注したとする。納入は翌月だが、支払いサイトが長いケースでは10カ月先にならないと支払わないということもある。部品を受け取ったメーカーは製品を組み立ててすぐに販売すれば、顧客から代金を受け取ることができる。

だが下請け企業にお金を払うのは10カ月先でよい。そうなってくると、その元請け企業は、顧客から受け取ったお金を丸々、10カ月間運用できることになる。その代金が100万円で、金利が3％だった場合、その元請け企業は10カ月の運用分で約2万5000円分をタダで稼げるのだ。

逆に言えば、本来、下請け企業が受け取るべき2万5000円は元請け企業に移転していることになる。これは商品を2万5000円値引きさせたことと同じ効果が得られる。だが下請け企業の中には状況がよく理解できないまま、こうした悪条件を受け入れているところも多いのだ。

話はこれだけでは終わらない。

下請け企業が十分な資金を持っていれば、支払い期限が長いことは、その間に運用ができないという機会損失だけで済む。だが下請け企業の資金繰りが厳しい状況ではそうはいかなくなる。元請けから受け取るお金は10カ月先だが、従業員への支払いなどにはすぐに対応しなければならない。

その場合、こうした企業は銀行からお金を借りて、資金を確保することになる。そうなると、銀行に対して、今度は金利を支払う必要が出てくる。

支払い期限が長いことで本来得られた金利収入がなくなり、さらに銀行からお金を借りることで、今度は銀行に利子を支払うことになる。金利のメカニズムというのはかくも恐ろしいものなのだ。

電子マネーのデポジットに注意せよ

こうした時間差を駆使したテクニックは、私たちが身近に使うサービスでもよく見られる。上手に企業にお金を吸い上げられてしまっているケースがあるのだ。

代表的なのは**電子マネー**のサービスだろう。

電子マネーの中には、最初に利用する際、デポジットを要求されるものがある。カード1枚を発行する際に500円のデポジットが発生した場合、それを受け取った企業はタダで500円を手に入れたことになる。広く普及している電子マネーになると普及枚数が数千万枚という数字になることもある。

仮に500円のデポジットのカードを5000万枚発行すると、発行した企業には250億円のお金が入ってくる。一部のカードは清算されたりするが、あらたに発行する分もあるので、このカードが機能している間はこの企業は250億円を自由に運用できることになる。

仮に3％の金利だとすると、年間7億5000万円の収入になる。本来、この利益はデポジットを提供していた利用者が受け取るべきものだが、うまく事業者がこれを吸い上げてしまっているのだ。

カードを作る際に「デポジットが必要ですよ」と言われてしまうと、何も考えずにお金を預けてしまうかもしれないが、金利という感覚があれば、それは相手に対して利益を提供しているのだということが分かるはずである。

これとは逆に**クレジットカードというのは、利用者にとってメリットが大きい**サービスといえる。クレカの場合、お店でお金を使っても、実際に支払うのは月末や翌月末などの締め日になる。つまりカード会社は利用者の支払いを待ってくれている。一方、商品を売ったお店（加盟店）には、契約にもよるが、半月や1カ月という期間で代金が支払われている。

利用者の側は支払いまでの期間分だけ運用利益を得ているわけだが、そのお金はどこから来るのかというと、加盟店がカード会社に支払う手数料ということになる。加盟店に対しては、お金を早く支払う代わりに手数料を徴収しているのだ。したがってカードというのは、利用者の運用機会を増やしてくれるサービスと考えることができる。賢い消費者になるためには、こうした点には敏感になっておくべきだろう。

金利を味方につけるための二大鉄則
——「まとまったお金」と「時間を買う感覚」

これまで見てきたように、金利には様々な魔力があり、使い方によっては強い味方にもなるし、自身を傷つける敵にもなってしまう。お金持ちになるためには、何としても金利を味方につける必要がある。

「お金がないからローンを組む」が決定的にダメな理由

富裕層なら話は別だが、ごく普通の人にとっては、お金を貸したり運用したりするよりも、お金を借りるケースの方が多いはずだ。金利と上手に付き合うためには、まずは借金で失敗しないように注意する必要がある。もっとも身近なのはやはり**住宅ローン**ということになるだろう。

これまで何度も説明してきたように、金利というのは時間と不可分の概念である。

お金を借りる期間が長ければ長いほど、金利の効果は劇的に効いてくる。

例えば3000万円を期間30年の長期ローンで借り入れた場合、金利が1・5%の場合は約730万円、金利が3%の場合には1550万円が利子となる。住宅ローンを組む際には、**住宅を取得するために銀行に1500万円ものお金をプレゼントしている**という現実をもう一度、よく考えた方がよいだろう。

冒頭で紹介したお金があるのにローンを組んで不動産を購入する人は、より多くのお金を稼ぐためのコストとして銀行に金利を払っている。だが、今、お金がないという理由で無条件にローンを組んでしまっている人は、銀行に1000万円単位のお金を追加で支払っている。両者の違いはあまりにも大きい。

お金があるのにローンを組んだお金持ちのように振る舞うことはできなくても、ローンを借りる際には、できるだけ金額を小さく、借りる期間を短くするのが原則である。

特に重要なのはやはり「時間」である。10年から15年程度のローンなら多少無理をしても何とかなるケースも多い。逆に言えば、この範囲で買える物件しか買わないと決めてしまうのもひとつの方法ということになるだろう。

これは事業資金を銀行から借りる場合も同じである。

飲食店などのお店を開業する資金を銀行から借りる人は多い。もちろん、借り入れはうまく活用すれば、事業を一気に拡大するための起爆剤にもなるが、使い方を誤れば、とんでもない結果を引き起こす。

例えば2000万円の開業資金を銀行から借りるケースを考えてみよう。

銀行からうまく融資を引き出して開業したのち、その資金を返済する原資は、事業の儲けから捻出することになる。

ある飲食店を開業して年間2500万円の売上高を得たとしよう。原価は25％から30％くらいのことが多いので、粗利益は1750万円になる。ここからアルバイト店員の給料やお店の賃料、自身の給料などを引いていくとあっという間にお金はなくなってくる。それなりに客が入っている店でも利益としては300万円くらいしか残らないことが多い。

ではこの300万円を銀行に返せばよいのかというとそうはいかない。半分近くが税金で差し引かれてしまうからだ。仮に手元に200万円が残ったとすると、これを毎年返済に回して10年でやっと完済となるが、その時、このお店にはお金は一銭も残っていない。さらに言えば、借り入れの残高に合わせて金利も銀行に支払うことになる。

冷静に考えてみると、このお店は**銀行を儲けさせるために運営している**ようなものである。実際、そのような状態になっているお店は多いのだ。

住宅ローンのケースと飲食店のケースから分かることは、単純にお金がないという理由だけでローンに手を出してはいけないということである。

楽天・三木谷氏はなぜ創業時に借金をしなかったか

この話は、**まとまったお金を持っていることがいかに有利**なのかという話と表裏一体と考えてよい。まとまったお金がないばかりに利子を払ってローンを組むと、銀行を儲けさせるためだけに働く結果となってしまう。

居酒屋チェーンのワタミを創業した渡邉美樹氏が、かなりの重労働で知られていた運送会社のセールスドライバーになって開業資金を貯めた話は有名だが、そこまでしてお金を貯めたのは、まとまった資金を持っていることの重要性を渡邉氏が誰よりも理解していたからである。

同様に、楽天創業者の三木谷浩史氏も、創業当初、事業の支出は自身のコンサルティング業で埋め合わせ、銀行には頼らなかったと言われる。三木谷氏は元銀行マンなので、お金のルールをよく知っていたに違いない。

お金持ちについて面白い話がある。

お金持ちはたくさんお金を持っているのでお金持ちと呼ばれるのだが、実は**お金持ちほど手元に現金を持っていない**。

お金持ちの人は、まとまった資金を持っていることの有利さをよく理解しているので、決してお金を遊ばせておかない。生活や事業に必要な最小限度のお金以外は、すべて運用に回しているので、必然的に手元には現金が少なくなる。

金利と上手に付き合うために最初にしなければならないのは、まとまったお金を作ることである。そのお金を事業や投資に回してお金を生み出し、そして、最大のチャンスと思えた時には、金利を払ってお金を借り、時間を買うのだ。これがお金儲けの鉄則であり、決して順序を逆にしてはいけない。つまり、むやみに借金からスタートするのは御法度ということになる。

2章

金利に
支配された
「経済」をつかむ

マクロ経済を一気に理解する
――「GDP＝投資＋消費＋政府支出」

第2章では経済が金利によって動くメカニズムについて解説していく。金利と経済の関係について説明する前に、マクロ経済の基礎について多少触れておきたい。マクロ経済の基礎的な部分を押さえておけば、金利と経済の関係についてもスムーズに頭に入ってくるだろう。

GDPの基本とその落とし穴

普段、わたしたちはあまり意識せず、景気がよい悪いと言っているが、経済学の世界で景気がよい悪いというのは、**GDP（国内総生産）成長率**のことを指す。

経済学の教科書には、GDPについて「1年間に日本国内で生産された最終的な財・サービスの付加価値の総額」と記載されている。

財・サービスとは経済学における独特の用語で、財とは「形のある商品」のことで、サービスとは「形のない商品」のことである。家電製品や自動車は財ということになるが、電気やガス、飲食店、介護などはサービスに分類される。1年間にどれだけの製品やサービスが生み出されたのかを示した数字がGDPである。

もっとも、この定義は製品やサービスを提供する側から見たものである。財やサービスを提供した人がいるなら、これを買った人も存在しているはずだ。提供する側から見たGDPのことを生産面と呼び、買った側から見たGDPのことを支出面と呼ぶ。さらに言えば、生産して得られた対価は、その仕事に従事した人などに分配される。最終的にそのお金が誰に渡ったのかという視点でGDPを眺めたものを分配面と呼んでいる。

これら3つは、同じものを異なる視点で見たものなので、三者の数字は理屈の上では一致するはずだ。これをGDPにおける**「三面等価」の原則**と呼ぶ。

一般的にGDPについて議論する際には、3つの側面のうち、支出面に着目することがほとんどである。したがって本書でもGDPについて議論する時には、主に支出面を用いる。

ＧＤＰの支出面は大きく分けて３つの項目に分かれている。
ひとつは**個人消費（Ｃ）**、もうひとつは**設備投資（Ｉ）**、最後が**政府支出（Ｇ）**である。この３つの項目をすべて足したものが、その国のＧＤＰということになる。以下の数式は経済学の教科書などに書いてあるので、目にしたことがある人も多いはずだ。

Ｙ（ＧＤＰ）＝Ｃ＋Ｉ＋Ｇ

現実にはこれに貿易収支（ＮＸ）がプラスされるので、この式はＹ＝Ｃ＋Ｉ＋Ｇ＋ＮＸという形になるが、とりあえずは、ＣとＩとＧの３つに着目しておけばよいだろう。

ＧＤＰの中心を成しているのはＣの個人消費である。個人消費のＧＤＰに占める割合は高く、日本では６割、米国では７割に達する。個人消費が活発に動く国の経済は強い。

一方、高度成長期の日本や現在の中国など、途上国は、投資の割合が高いという特徴がある。中国は個人消費が４割で、設備投資も４割ほどある。高度成長期における日本の設備投資の割合もかなり高かった。

現在の**日本におけるＧＤＰは５００兆円**ほどあり、個人消費は約３００兆円、設備投資が約１００兆円、政府支出が１００兆円という構成である。

かつて日本は、大きな貿易黒字を出していたので、これにＮＸが加わっていたが、現在ではＧＤＰ全体に占める貿易黒字の割合は低下している。ちなみに貿易収支が赤字になった場合にはＮＸはマイナスとなる。

以上がＧＤＰの基本である。

ＧＤＰを決める項目は３つしかないので、簡単に思えるかもしれないが、これには落とし穴がある。

ここで使われている数式は、恒等式と呼ばれているもので、学校でよく習った方程式とは異なる数式である。恒等式というのは、どのような時にもこれが成立するということを意味しているのだが、ＣとＩとＧ、つまり個人消費と設備投資、政府支出の相互関係がどうなっているのかまでは説明されていない。どれが増えるとどれが減るのかという関係は、この式を見ただけでは分からないのだ。

景気を拡大させようと思って政府支出Gを増やしても、何らかの影響で消費Cが減ってしまったり、投資Iが減ってしまうということがあり得るので、景気の予測はそう簡単ではない。

経済は金利の動きで簡単に予測できる

もっとも、恒等式において相互の関係は分からないといっても、おおよそのメカニズムは、ある程度、モデル化されている。

経済学において**個人消費は、基本的に所得に比例する**と考えられている。実際にはその他のファクターも介在してくるが、シンプルに考えれば、人は稼いだ所得の一定割合を貯蓄に回し、残りは消費すると考えてよい。つまり消費というのは基本的にGDPが大きくなればその分だけ増加する。

したがって消費がGDPに対して何%の水準なのかは、当面は一定と考えて大丈夫だ（消費の構造が変わるのは、経済や社会の仕組みが大きく変わる時なので、長期的な話をする場合には、これについても考慮する必要がある）。

GDP（支出面）を構成する要素と金利

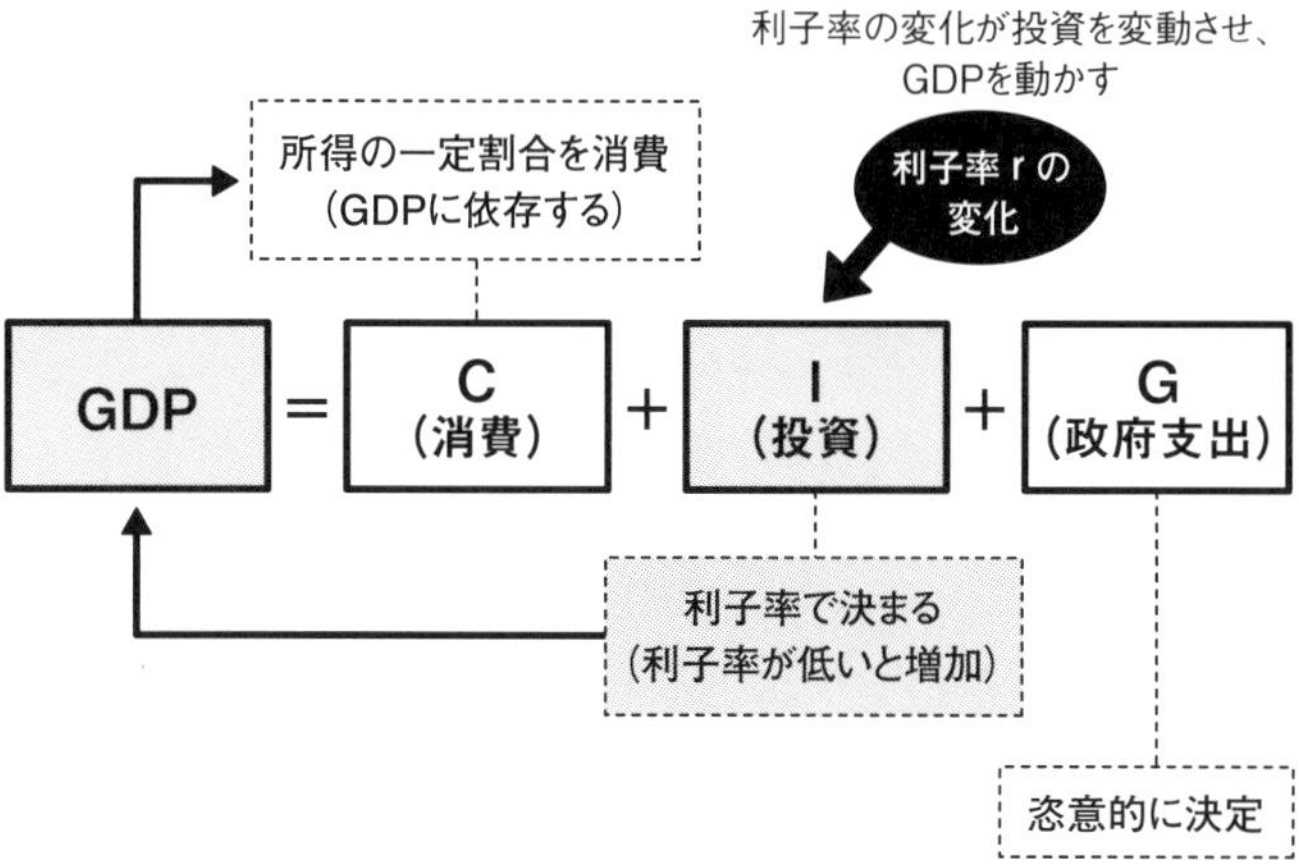

一方、**投資は金利に依存**している。

金利が下がると企業はお金を借りやすくなるので投資が増え、金利が上がると逆に投資は冷え込むことになる。投資が増加するとその分、ＧＤＰが増える。消費も増加したＧＤＰ分だけ増えて均衡点に落ち着くことになる。つまり金利は経済を動かす大きな原動力のひとつと認識されているのだ。

ちなみに投資の資金は、企業の場合、銀行から借りたり、社債で調達することになるが、その原資となっているのは貯蓄である。

人は稼いだお金の一定割合を消費に回すと説明したが、消費に使われなかったお金は原理的にはすべて貯蓄となり、銀行などを経由して、投資の原資となる。理屈の上では、貯蓄は常に投資と一致しているはずだ。

経済を動かす要因ということで、金利と投資が重要な意味を持っているわけだが、経済全体に与えるインパクトという点でも同様である。

消費Cと投資Iは、お金を使うという点では同じだが、その本質的な意味は大きく異なっている。消費は読んで字のごとく、単にモノやサービスを消費しただけということになるが、投資はそうではない。

投資によって新しい製造設備や施設が作られれば、それは今年のGDPの数字に計上される。しかし、新しく作られた設備は、来年以降も、モノやサービスを生み出し続けることになる。つまり、**投資というのは、今年のGDPに貢献することに加え、将来のGDPを生み出す原資にもなっている**のだ。消費と投資のバランスがうまく作り出されると経済は順調に成長することになる。

投資が金利で決まり、投資がGDPに大きな影響を与えるのだとすると、何らかの出来事に対して金利がどう動き、それによって投資がどう変化するのかが予想できれば、経済に関する予測シナリオが立てやすくなる。

なぜお金の市場がモノの値段に影響を与えるのか

——貨幣市場と財・サービス市場

先ほどは、支出面のGDPが、消費、投資、政府支出という3つの項目で構成されていると説明した。

GDPとは財・サービスの付加価値に関する概念なので、消費や投資というのは、財やサービスをやり取りする市場での話になる。つまり、一般的なモノやサービスの市場を対象としている。

一方、モノやサービスとは別にお金についても独自に市場というものが出来上がっている。これを**貨幣市場**と呼ぶ。

本書は金利について取り上げた本であり、お金を借りるためには金利を支払う必要があることや、金利の水準は運用の機会損失を基準に算定されることなどについて解説してきた。金利を支払ったり、お金を貸し借りするという取引は、モノやサービスとは別の市場で行われている。

つまり世の中には、モノやサービスの市場とお金の市場の2種類があり、お互いが影響し合って経済というものを成り立たせている。その媒介になる指標が金利というわけだ。

景気はどうして上がったり下がったりするのか

通常、経済が拡大していくと、それにつれて金利も上がっていく。

GDPというのは、生産面から見ると、どれだけたくさんのモノやサービスを提供したのかという指標である。経済が成長すると、昨年は年間100個のモノやサービスを生産していた企業が、今年は150個生産するようになる。

100個の生産が150個に拡大するということは、それに伴って原材料の仕入れも1・5倍に増えることを意味している。また生産を増強するために人を増やす可能性もあるだろう。

このような状態になると、企業は手元に多くの資金を確保しておかないとビジネスが回らなくなってしまう。

モノやサービスの市場とお金の市場

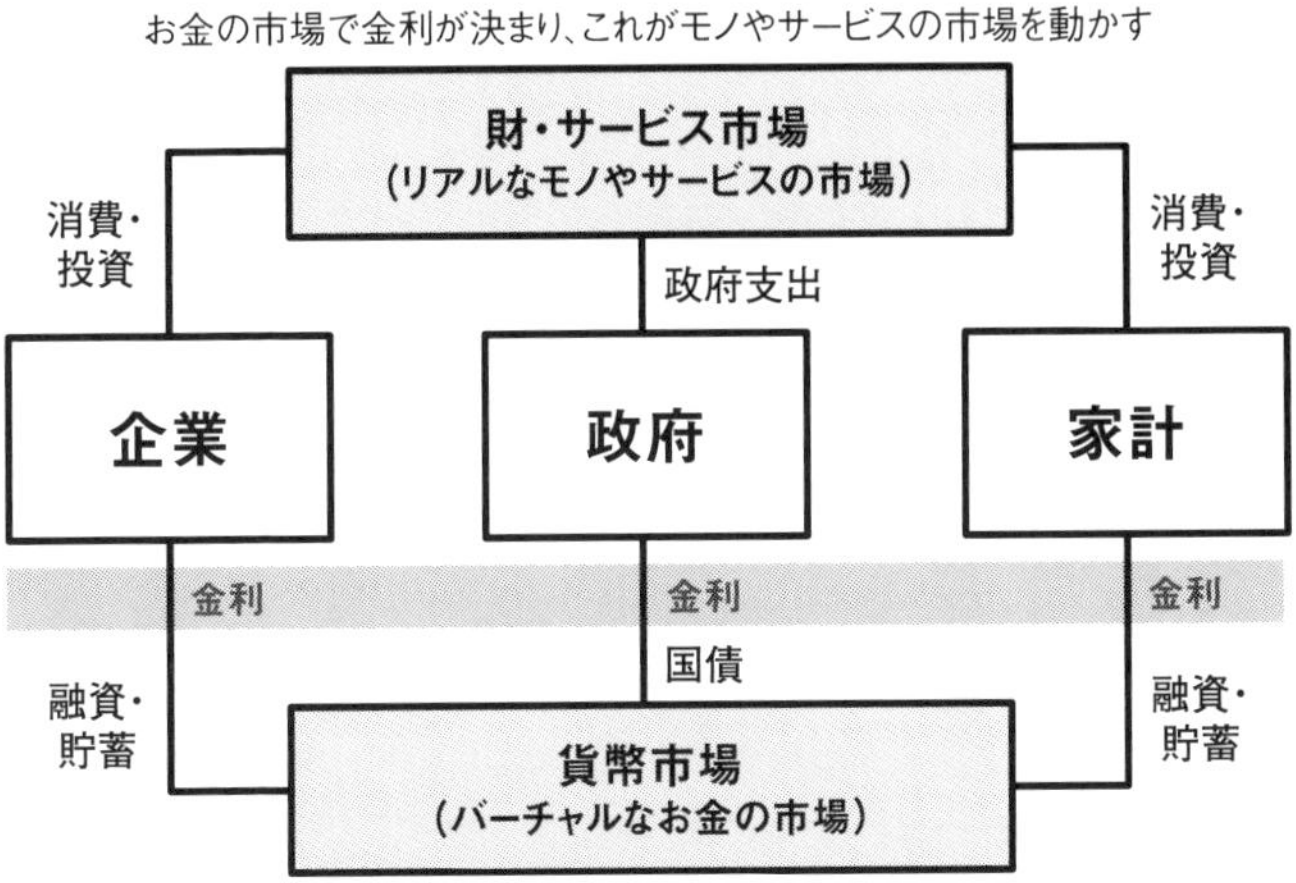

人件費や仕入れの費用は、顧客からお金を受け取るより先に出ていってしまうので、一時的にお金が足りなくなる。景気がよくなると社会全体で同じ状況になるので、企業は銀行に金利を払ってお金を借り、取引拡大に備える。

来年以降、企業がもっと生産を拡大したいということになれば、店舗や工場を増設する必要が出てくる。その時には、銀行からさらに多額の融資を受けることになるだろう。

銀行はこうした資金需要を見ながら、金利を上下させて収益をコントロールする。銀行は貨幣市場でビジネスをする企業であり、商品はお金であり、金利は商品価格ということになる。

もし世の中にあるお金の量が変わらないと、銀行は資金不足になるのでさらに金利を上げてしまう。そうなってしまうと、金利が高いことで融資を諦めるケースが出てくるため、景気を冷やす原因になってしまう。

モノやサービスというリアルな市場で取引が活発になると、貨幣市場においても、お金に対するニーズが高まってくる。その結果、金利が動くことになり、これが投資を通じて今度はリアルな経済に影響を与えるという仕組みである。

中央銀行は経済の状況を見ながら、資金不足にならないようお金の量を増やしていく。経済が順調に拡大していくと、経済全体に中央銀行が提供するお金の総量も増えるというのが正常な姿だ。モノやサービスといったリアルな市場とお金の市場は、金利というファクターを通じて連携していることがお分かりいただけるだろう。

インフレはどのようにして起きるのか

モノやサービスの市場とお金の市場はお互いに連携しているが、別々の市場であることに変わりはない。双方の市場が独立しているということになると、片方の事情によって、お金とモノの関係が変化するということがあり得る。代表的な例が、**インフレ**や**デフレ**である。

先ほどのような景気拡大がもっと顕著になってくると、市場では次第にモノが不足するようになる。そうなってくると、皆がより多くのモノを確保しようとするので、一部の企業は利益を増やそうと値上げに踏み切ることになる。

仕入れのコストが上がると利益が減るので、今度は製品の価格を上げるという連鎖が始まり、最終的には市場全体で物価が上がっていく。同じモノに対して、物価が上昇することを経済の世界ではインフレと呼んでいる。

インフレがどの程度の水準になるのかは、最終的には経済全体に出回っているお金の総量（マネーサプライ）に大きく依存している。マネーの総量が多くなればインフレは激しくなるし、マネーの総量が少なければインフレは抑制される。

中央銀行は、マネタリーベースを通じて、マネーサプライの動きに影響を与えることができるので、物価がどの程度になるのかは、中央銀行に大きく依存することになる。中央銀行の意思決定における有力な基準が、お金の需給を示す金利である。

お金持ちは、金利に合わせてどう行動しているか

——経済学の基礎理論・IS曲線とLM曲線

では、経済学の世界において、金利の動向が具体的にどのように景気に影響を与えるのか、もう少し詳しく見てみよう。経済学の理論通りに経済が動くとは限らないが、基本的な理屈については覚えておいた方がよい。

金利が下がるとき、経済はどうなっていくか

先ほども説明したように、経済の世界では、世の中には2つの市場があると認識されている。ひとつは**財・サービス市場**、もうひとつは**貨幣市場**である。

財というのは形のある商品のことを指し、サービスとは形のない商品のことを指している。食料品をお店で買えば財を買ったことになるが、飲食店で食べた場合にはサービスを購入したことになる。

財をやり取りする市場を**財市場**と呼ぶが、これは日常的なモノやサービスの取引と考えればよい。

一方、貨幣にも市場というものが存在する。銀行の融資がもっともイメージしやすいが、人や企業は対価を払ってお金を貸したり、借りたりしている。本書ではすでに何回も説明しているが、お金をやり取りするにあたって対価となるのが利子ということになる。

では金利が動くと経済はどうなるのだろうか？

モノやサービスの市場では、金利が下がると、ＧＤＰが拡大し景気がよくなるとされている。

金利が下がると、企業はお金を借りやすくなるので、積極的に設備投資を行うことになる。設備投資を行うということは、メーカーであれば、工場を建設したり、製造装置を据え付けるということを意味している。サービス業であれば、新しい店舗を出店したり、設備を刷新することをイメージすればよい。

建設会社や製造装置などのメーカーには受注がたくさん舞い込むことになるので、これらの企業は生産を増加させることになる。たくさんモノやサービスを生産するので、GDPは拡大するというメカニズムである。

これをグラフに描くと図（77ページ左図）のようになる。これはモノの市場を表しており、縦軸は金利で横軸はGDPである。**金利が下がるほど投資が増えるのでGDPが増えていく**という関係が見て取れる。

このグラフのことを経済学では**IS曲線**と呼んでいる。Iは投資のことを指し、Sは貯蓄のことを指している。

経済学で貯蓄というのは、所得のうち消費されずに残ったものと定義されている。話を非常に単純化すると、人は所得の何割かを消費せずに銀行などに貯金することになるが、銀行に預けられたお金は、企業などに貸し出され、最終的には投資として支出される。

つまり、誰かが借りるお金というのは、誰かが消費せずに余らせたお金を銀行に預けたものである。したがって、消費されなかった分は、銀行などを経由して投資という形で支出されることになる。つまり、貯蓄という実体は現実には存在せず、すべてのお金が何らかの形で世の中を回っているわけだ。

もっとも、銀行が貯蓄として集めたお金と、企業が投資で使うお金が常に一致するとは限らない。しかし経済には、神の見えざる手とも呼ばれるメカニズムが働いており、お金が過剰だったり、投資が少なすぎたりというムダな状態は長くは続かない。経済はどこかのタイミングで均衡状態に達するはずであり、その時には投資と貯蓄は必ず一致しているはずだ。

先ほど、金利が下がると投資が増えるので、GDPが増加すると説明した。GDPが増えると国民の所得も増加するので、その分、貯蓄の絶対額も増加する。投資も増えて、貯蓄も増えているので、最終的には投資＝貯蓄という関係性についても維持されることになる。

経済は常にこうした均衡状態を目指すと考えられており、モノやサービスの市場において、投資と貯蓄が一致した状態（均衡状態）にある時の利子とGDPの関係を表したのがIS曲線ということになる。

現金を持つべきとき、手放すべきとき

一方、お金の市場（貨幣市場）はこれとは逆の動きを示す。貨幣はモノやサービ

スの取引に必要となるので、経済規模が大きいと貨幣需要も増大することになる。これを**取引需要**と呼ぶ。

貨幣には取引以外の需要も存在するが、それは投機的需要と呼ばれている。

本書では、金利というものは、お金を貸すことによる機会損失の対価であると説明してきた。逆に言えば、お金を持っていれば、それを運用することで、収益を得ることができる。利子が変動することで、どの程度、お金を保有しておきたいのかというニーズが変化する。これを投機的需要の変化と呼ぶ。

具体的には金利が高い場合には、多少リスクがあっても、債券に投資した方が有利なので、貨幣を保有していたいと思う人は少なくなる。したがって金利が高いと、貨幣に対する需要は減少する。

一方、金利が低いと債券投資はあまり魅力的には感じられない。確率は低いかもしれないが、債券がデフォルト（債務不履行）になる可能性もある。低い金利でそのようなリスクを取るくらいなら現金で持っておきたいという人が増えてくるので、金利が低いと貨幣需要は増大することになる。

金利が上がると債券投資が増え、貨幣への需要も減少していくわけだが、そう

均衡状態にある利子率とGDPの関係

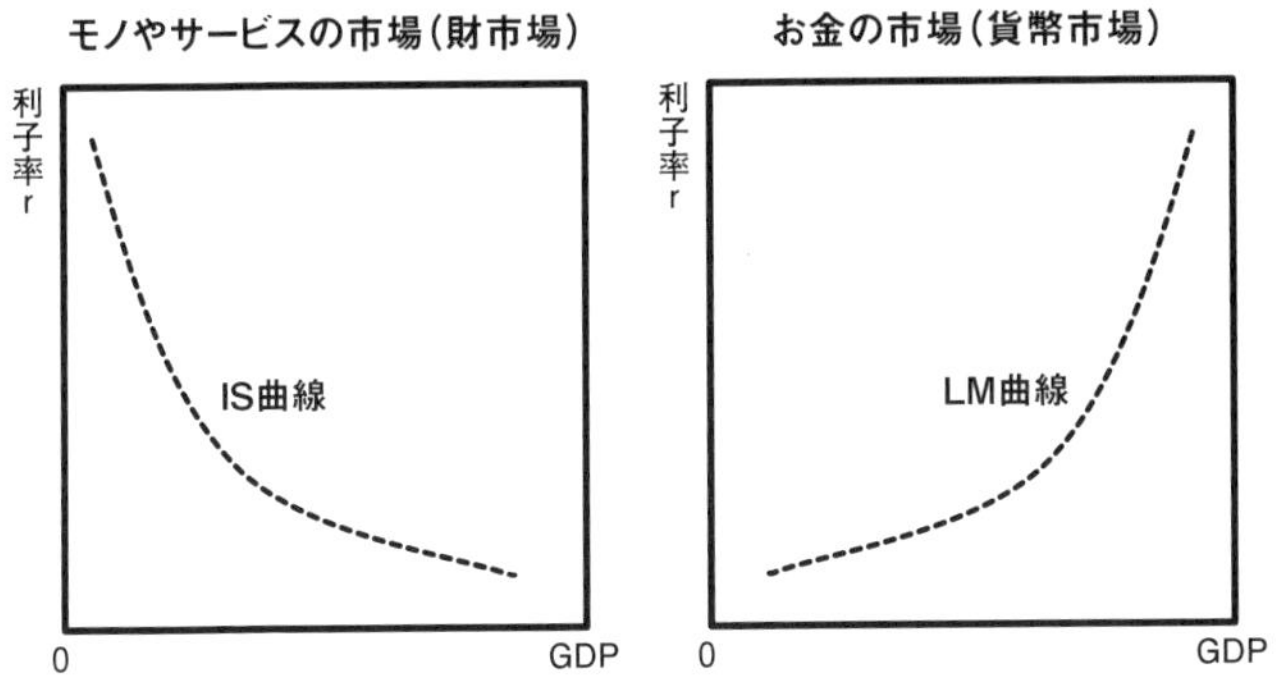

財市場では金利が下がるとGDPが増加し、
貨幣市場では金利が下がるとGDPは減少する

なってくると、多くの投資家が債券に投資し、現金を手放そうとするため、貨幣が余ってしまうことになる。

経済全体で供給される貨幣の量が一定だと仮定すると、経済は貨幣の余りを解消するような方向に力学が働くことになる。

先ほど、貨幣の需要は取引需要と投機的需要の2つで構成されると説明したが、投機的需要が減少しているのであれば、取引需要が増えるようバランスされる。取引需要を増やすためには、GDPが増える必要があるので、結果的に**金利が上がるとGDPも増加**することになる。

この動きをグラフにすると右図のよう

になる。このグラフは、**ＬＭ曲線**と呼ばれており、Ｌは貨幣需要を、Ｍは貨幣供給を示している。貨幣の需要と供給が一致する場合の利子とＧＤＰの関係を示している。

整理すると、**モノやサービスの市場においては、金利が下がっていくと、ＧＤＰも増える**という関係が見られる。一方、**貨幣市場においては、金利が上がっていくと、ＧＤＰが増える**という関係が見て取れる。つまり、財市場と貨幣市場では、金利の動きに対して、ＧＤＰがまったく逆の動きをするということになる。

モノやサービスの市場（ＩＳ曲線）とお金の市場（ＬＭ曲線）で示されたＧＤＰが、逆の動きをするということは、ある金利水準に対して、ＩＳ曲線とＬＭ曲線の両方で均衡状態になる地点でＧＤＰが落ち着くということである。

もし金利が変化することになると、財市場と貨幣市場の均衡が崩れることになり、新しい均衡地点を目指してＧＤＰも変化する。金利の動向から景気を予測するという作業は、財市場と貨幣市場において、どの水準でＧＤＰが均衡状態になるのかを分析することを意味している。

国家は経済を上手にコントロールできるのか

——財政出動と金融緩和、その功罪

先ほどは、モノやサービスの市場とお金の市場において、両方の均衡を達成するように、金利とGDPが決まることについて解説した。この状態で、財政政策や金融政策が実施されると、新しい均衡状態に向けてGDPが変化することになる。政府はこうしたメカニズムを使って、経済をコントロールしようと試みている。

この仕組みを知っていれば、経済政策の実施が景気にどのような影響を与えるのか、ある程度は推測することが可能だ。

公共事業の効果は一時的である

経済政策の中でも**財政出動**はもっともポピュラーな存在だろう。

日本はバブル崩壊後、何度も大型の公共事業を実施し、アベノミクスにおいても、財政政策は2本目の矢として位置づけられた。

財政出動は、公共事業などを通じて意図的に政府の支出を増やし、需要を作り出そうという政策である。したがって、**財政出動はモノやサービスの市場に大きな影響を与える**ことになる。

金利の水準が変わらない状態で財政出動が実施されると、民間の投資は同じ水準に維持される（民間の投資は基本的に金利に依存するため）が、財政出動分だけ支出が増えるので、最終的なGDPは増加することになる。

一方お金の市場では、GDPが増えると、貨幣の取引需要が増え、債券投資にお金が回らなくなる。このため債券市場では、金利を上げることで債券への投資を維持しようとする。また、政府が公共事業を実施する場合には、大抵の場合、国債を発行して市中からお金を借り入れることになる。大量の国債を発行すると、国債が余り気味となり、やはり金利は上昇する。

金利が上昇すると、企業はお金を借りにくくなるので、設備投資が抑制されるという効果が出てくる。

金利が変わらないうちは、政府支出の増加はそのままGDPの増加要因だったが、金利が上昇すると、民間投資が減ることでGDPも減ってしまう。この結果、公共事業で投資を増やした分がそのままGDP増加には反映されず、効果が薄れてしまうことになる。これを経済学の用語では**クラウディング・アウト**と呼ぶ。

この話を先ほどのIS曲線で説明しよう。財政出動が実施されると、同じ金利水準でのGDPは大きくなるので、IS曲線は右側にシフトすることになる。しかし、GDPが増えるとお金の市場ではお金が足りなくなり、金利が上昇する。その結果、投資が減少してGDPも減少し、最終的な地点に落ち着くという仕組みだ（図左）。

金融緩和で債券価格は上がり、金利は下がる

では、財政出動ではなく量的緩和策など、**金融政策**が実施された場合はどうなるだろうか。

中央銀行が何らかの形でマネーサプライを増加させると、まずはお金の市場に影響が出てくることになる。GDPの水準が変わらないところに、マネーが余り気味

になると、多くは債券市場に殺到することになる。

債券の価格は上昇するので、当然、金利は低下することになる。同じGDPでも金利は低くなってしまうのだ。

金利が低下すると、企業はお金を借りやすくなるので、民間の投資が増える。消費や政府支出は変わらないので、GDPは投資の分だけ増加するはずだ。金融緩和を実施すると、財政出動と同じく理屈の上では景気にプラスと解釈できる。

これを先ほどのLM曲線で説明する。同じGDP水準においてマネーが増加すると、これらの多くは債券への投資に回って金利が低下する。つまり、同じGDPで金利が低くなるので、LM曲線は右にシフトすることになる（図右）。

金利が低下すると民間の投資が増加し、最終的にはGDPも増える。IS曲線とLM曲線が交わる点で新しい均衡に達するが、この地点は以前のGDPより大きい。最終的には金融緩和は景気にプラスということになる。

消費の低迷はそのままGDP減少にはつながらない

変化が起こった時のGDPの動き

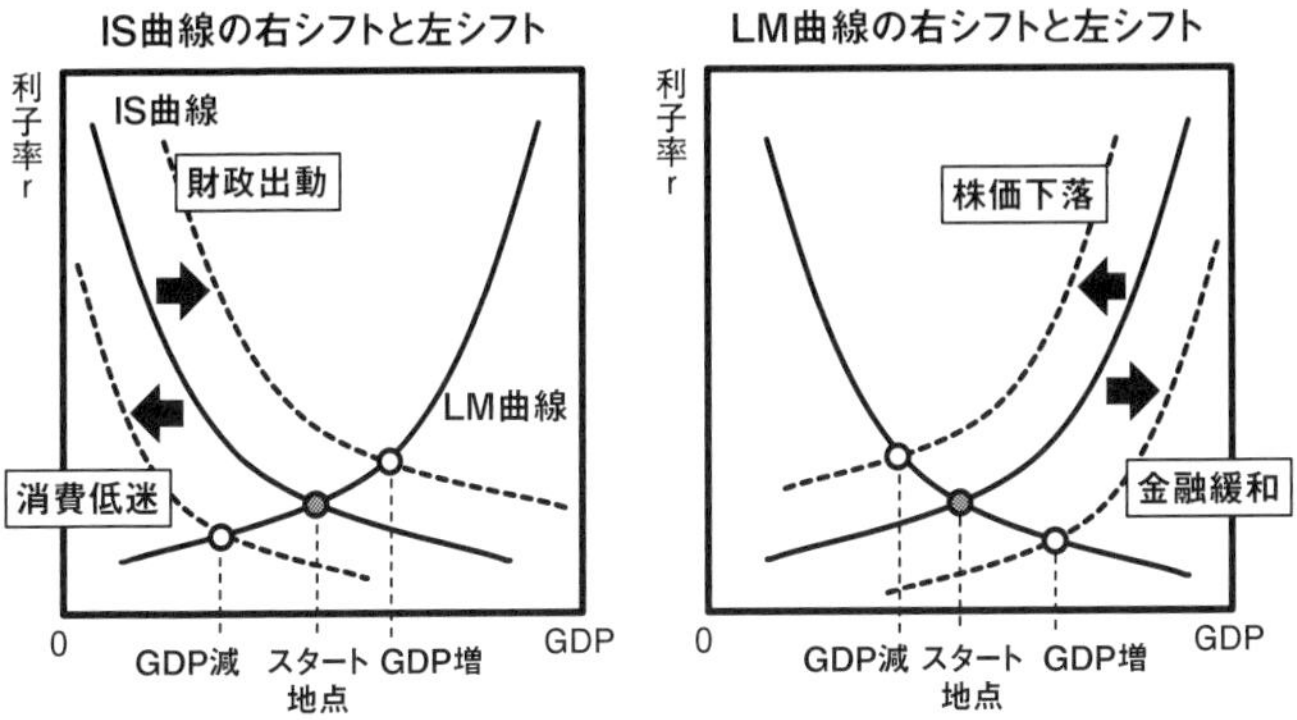

財政出動と消費低迷はIS曲線をシフトさせ、株価下落と金融緩和はLM曲線をシフトさせる
財政出動はGDP増加、消費低迷はGDP減少、金融緩和はGDP増加、
株価下落はGDP減少となる

今度は**消費者のマインド**が悪化するといった状況から、消費が低迷するケースを考えてみよう。

消費が減るということは、ＧＤＰの支出項目のうち、個人消費が減少するということである。政府支出や投資の水準が同じであれば、ＧＤＰは消費が減った分、小さくなるはずだ。

だが、ＧＤＰが減るとお金の市場にも変化が現れることになる。

取引需要が減少することになるので、お金が余り気味になる。多くの人は余ったお金を債券に投資しようとするので、金利は低下していく。金利が低下すると、今度は投資が喚起されるので、ＧＤＰには増加の力学が働くことになる。

最終的には、消費の低迷によるGDPの減少と、金利の低下によるGDPの増大効果が均衡する地点でGDPは落ち着くことになる。したがって、消費が低迷しても、低迷した分が、そのままGDPの減少につながるわけではない。

これは財政出動がクラウディング・アウトによって、そのままの効果を得られなかったことと逆の話である。

この話を先ほどのIS曲線に当てはめてみよう。消費が低迷すると、同じ金利水準でのGDPが小さくなり、IS曲線は左側にシフトすることになる。しかし、GDPが減ると、貨幣市場では貨幣が余り、金利が低下する。その結果、投資が増加してGDPも増加し、最終的な均衡地点に落ち着くことになる（83ページ左図）。

株価が暴落すると景気が悪くなるワケ

リーマン・ショックや中国株ショックなど、想定外の事態で急激に株価が下がった場合はどうなるだろうか。

多くの投資家は不確実性に対処するため、まずは株や債券を売って現金を確保するはずだ。このため債券は売られ金利は上昇する。金利が上昇すると、民間企業はお金を借りにくくなり、投資は抑制されることになる。

現実には、先行きの見通しが立てにくいという心理的な理由で投資を抑制することがほとんどだが、金利という点に着目すれば、債券下落による金利上昇によって融資が減り、投資も減少するという流れになる。

民間の投資が減れば、当然それはＧＤＰの減少要因となり、景気は後退する。

この動きは、先ほど説明した**金融緩和とは逆の動き**である。

株価の下落など市場でショックが起こると債券は売られる。投資家は債券を売って手元に現金を確保しようとするので債券は金利を上げざるを得ない。つまり、同じ経済水準で金利が高くなるので、ＬＭ曲線は左にシフトすることになる（図右）。

金利が上昇すると民間の投資が減少し、最終的にはＧＤＰも減少する。ＩＳ曲線とＬＭ曲線が交わる点で新しい均衡に達するが、この地点は以前のＧＤＰより小さい。

株価や債券の下落は最終的には景気の下押し要因となる。株式投資をしていない人でも、株価の動向を気にしているのはそのためである。

いいとこ取りはできない

——為替取引と国際金融のトリレンマ

これまで説明してきた金利とＧＤＰの関係は、貿易や為替取引の影響を考慮していない。つまり理屈上は閉じた経済圏を想定していることになる。

しかし、現実には、鎖国でもしない限り、完全に閉じた経済というものは存在しない。経済活動は諸外国の影響を受けるので、財政出動や金融緩和の効果を厳密に評価する場合には、これらをすべて考慮に入れる必要がある。

もっとも、金利やＧＤＰが、どの程度、グローバル経済から影響を受けるのかという点については、国によって大きく異なっている。

米国はオープンなグローバル市場を持っている国だが、世界の中では突出した規模の経済圏となっており、諸外国からの影響をあまり受けない。その意味では、オープンな経済ではあるが、閉じた経済圏に近い動きをする。

一方、日本は相対的な経済規模が縮小しており、年々、諸外国の影響を受けやすい体質に変わっている。このため、**日本では、閉じた経済圏を前提にしたモデルは適用できない**ケースが増えてくることに注意しなければならない。

グローバル経済では、金融政策が効く

先ほど、財政出動や金融緩和によって金利とＧＤＰがどう動くのかについて説明したが、**開放された経済圏**では、様子が異なってくる。

例えば財政出動が実施されると、閉じた経済圏ではＧＤＰが増え、金利が上昇する。ここまでは同じだが、開放経済圏ではこれだけでは終わらない。金利が上昇すると、外国から資金が流入してくるので、その国は**通貨高**になる。日本に当てはめれば円高になるので、結果として輸出が減少し、ＧＤＰにはマイナスの力が作用してしまう。

さらに言えば、資金がたくさん流入すると、マネーは余り気味となり、債券が買われ、金利も下がってくる。

結果として、せっかく財政出動を行っても、輸出の減少でＧＤＰが減り、金利も

下落して、結局はもとの水準に戻ってしまうことになる。つまり、開放経済において、財政出動はあまり効果を発揮しないことが分かる。

では量的緩和策など金融政策はどうだろうか。

閉じた経済圏では、金融緩和を行うと、お金の市場でマネーが余ることになる。その結果、債券などの金利が低下し、企業は資金を借りやすくなる。最終的には投資が促進される形でＧＤＰが増大する。

ここまでは同じだが、開放経済ではさらにプラスの効果がある。

金利が低下することによって資金が海外に流出し、自国通貨が安くなる。日本に当てはめれば円安になるので、輸出が活発になってＧＤＰが増大する。金利の低下によって景気が刺激されることに加え、通貨安によって輸出が増えて、さらに景気が拡大する。

開放経済においては金融政策の効果は極めて高いことが分かる。

日本を含め、各国がこぞって財政ではなく金融政策で景気を刺激しようとしているのは、グローバル経済が発達した世界においては金融政策の効果が高いと考えられているからである。

貿易を推進しても無意味

では開放経済の世界では、輸出と景気はどのような関係になるのだろうか。

日本を含め、多くの国が自国製品をたくさん輸出し、逆に外国からの輸入を減らそうとしている。だがこうした措置も、資本移動や為替取引があると、効果が薄れてしまう。

例えば、政府が輸出に対して補助金を出したり、逆に輸入を制限するなど、いわゆる貿易政策を実施したと仮定する。輸出が増えたり、輸入が減少すれば、その分だけＧＤＰの数字は大きくなる。

ＧＤＰが大きくなると、貨幣の取引需要が増加し、債券は売られる可能性が高い。そうなってくると金利は上昇してくることになる。資本が閉じていれば、大きな問題は発生しないが、先ほどの財政出動の時と同様、金利の上昇は資本流入を招き通貨高になる。通貨高になると輸出が減少してしまうので、結局、増えそうになった輸出はもとに戻ってしまう。

つまり、**開放経済においては、輸出を振興する政策を実施しても、効果を発揮す**

ることは難しいということになる。

日本は製造業を基幹産業としており、輸出を促進することは必要不可欠な政策であるとみなされている。また財政出動も、景気を浮揚させるにはもっとも効果的であるとの見解は根強い。

しかし、日本経済が開放経済に近い状況なのだとすると、必ずしもそうとは言えなくなってくる。

グローバル経済との関係が深い場合、いくら財政出動を強化しても、その動きは為替で相殺されてしまい、思ったほどの効果は得られない可能性がある。輸出振興策も同じである。

政府が税金を使って輸出を拡大する政策を実施しても、やはり為替が影響してその効果が半減してしまう可能性があるのだ。

このところ各国で財政出動よりも金融政策が重視されているのは、こうした理由が大きい。**グローバル経済が発達したことで、どの国もグローバル市場から影響を受けやすくなっており、金融政策の重要性が増している**からである。

日本では財政政策や輸出振興策は無条件で有益なものと理解されがちである。

しかし、こうした政策を実施する場合には、日本が、どの程度、グローバルな経済にリンクしているのか、常に考えながら議論する必要があるだろう。

ユーロ、人民元……固定相場制の代償

財政出動や輸出振興策が為替の影響を受けるなら、為替を固定レートにすればよいという考え方もある。確かに**固定相場制**の場合、財政出動や輸出振興策は景気浮揚の効果をもたらすことになる。

財政出動を行うとその分だけGDPは増大することになり、これが金利の上昇をもたらすことは何度も説明した。変動相場制なら金利が上昇すると通貨高になるが、固定相場制の場合にはは変化はない。その代わり、固定されたレートを維持するため、自国通貨を売って外国通貨を買う必要に迫られる。自国の通貨供給量を増やすということになるので、結果として金利は下がり、GDPはさらに増加する。

輸出振興策も同様である。輸出の拡大でGDPが拡大したところに、固定レートの維持のための金融緩和が加わるため、景気はさらに拡大する。

ところが固定相場制も万能ではない。

国際金融の世界には、自由な資本移動、固定相場制、独立した金融政策という3つの政策を同時に達成することはできないという考え方がある。これを国際金融のトリレンマと呼ぶ。

景気をうまくコントロールするためには、独立した金融政策が必須である。また国際的な資本移動を制限してしまうと、スムーズな貿易はできない。しかし、金融政策で金利を独自に決定すれば、必ず外国との金利差が生じてしまう。資本の移動が自由であれば、為替が動くことになり、最終的には為替の安定を放棄せざるを得なくなる。

先ほどのケースでは独立した金融政策を諦めることになるだろう。

日本や米国は、独自の金融政策と資本移動の自由を確保するため、為替が変動することを受け入れている。

一方、ユーロ圏に加盟した国は、すべてが**単一通貨ユーロ**になるので、為替レートが存在しない。EUでは資本の移動が自由でなければ意味がないので、必然的に独自の金融政策は放棄するという形になる。実際、ユーロ圏各国の金融政策は、すべてECB（欧州中央銀行）に一任されている。

国際金融のトリレンマ

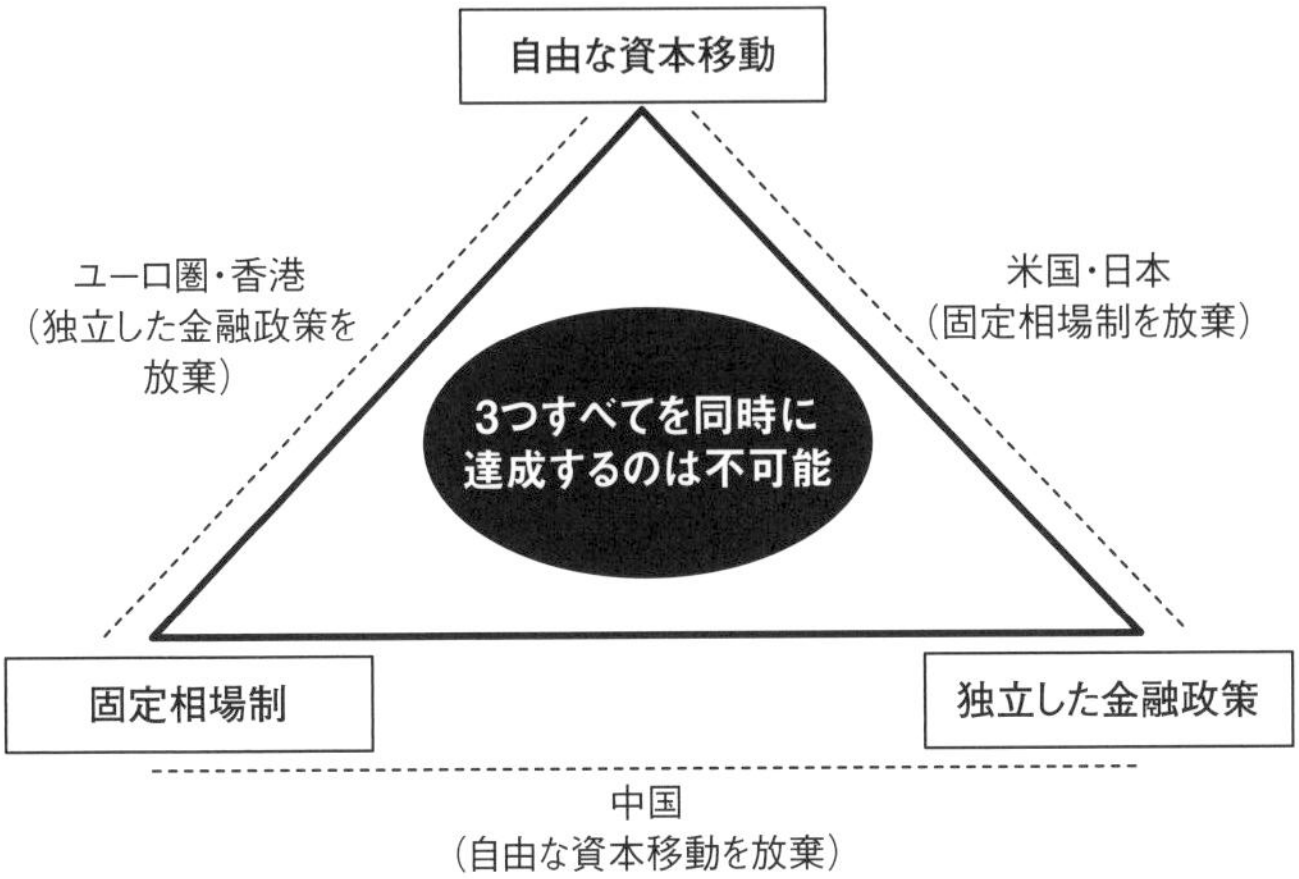

中国も為替レートを人為的に操作しているので、為替の安定を最優先していることになる。そうなると、金融政策と資本移動のどちらかを犠牲にしなければならず、自由な資本移動を犠牲にしてきた。このため中国の人民元はなかなか国際的な通貨として信認されなかった。

日本が中国のような経済運営をすることはできないし、するべきでもない。結果論として、固定相場は選択しづらい。結局のところ、金利水準と為替の動きをにらみながら、経済政策を立案するということになる。投資やビジネスをするには常に、金利の動向と為替の動きに注意を払う必要がある。

3章

金利の本質を知る

利率と利回りの違いを説明できるか

——金利と債券の動き

第3章では金利についてもう少し突っ込んで解説していきたいと思う。

金利の世界では、いろいろとややこしい言葉が出てくる。キーワードばかり必死になって覚えるのはあまりよいことではないが、最低限のキーワードが頭に入っていないと理解が進まないのも事実である。ここで取り上げるキーワードは、とりあえず頭に入れておいた方がよい。

100円の債券を97円で買う方法

金利の世界でよく混同されるのが**利率**と**利回り**の違いである。

利率とは債券などにおいて、額面の金額に対して毎年受け取る利子の割合のことを指している。額面100円の債券があって、毎年2円の利子を受け取れると仮定すると、100円の額面に対して2円なので、利率は2％ということになる。

一方、利回りというのは、**投資金額に対して何％の収益があったのかを示す概念**である。先ほどの利率が2％の債券を例にとって考えてみよう。

この債券を額面で購入して1年後に額面価格で売却すれば、100円の投資が1年後には102円になって返ってくるので、利回りは2％ということになる。だが、この債券を97円で手に入れた場合には話は変わってくる。

1年後には、利子の2円と売却代金の100円が両方入ってくる。97円の投資に対して102円返ってきたわけだから、この投資の利回りは5・2％と計算される。同じ利率でも**取得価格が違うと利回りは大きく変わってくる。**

ここで読者の方は疑問を抱いたかもしれない。取得価格が安ければ、利率を利回りが上回ることは分かったが、そもそも額面100円の債券を97円で手に入れることなど現実的に可能なのだろうか。

結論から言うと、97円で買うことは十分に可能である。その理由は、本書で何度か指摘している時間の概念と大きく関係している。

額面が100円で利率が2％の債券を購入すると、1年後には102円が返ってくる。1年の間に物価が上がらなければ、あるいは物価が上がっても2%以下であれば、この債券の投資は成功ということになる。利率分の利益を黙って手にすることができるからだ。

ところがインフレが進んでいて1年後には物価が5%程度上昇すると皆が考え始めたらどうなるだろうか。1年後に102円が返ってきても、1年前に100円だった商品はすでに105円に値上がりしている。これでは債券に投資しても損をするだけになってしまう。

この時、債券を持っている人が何らかの理由で現金が必要で債券を売却すると仮定しよう。この債券は100円で売れるのかというとそうはいかない。少なくとも値上がり分まで利回りが上がっていないと、この債券を買うバカはいないはずだ。先ほど、この債券は97円で購入すれば利回りは5・2%になると計算したが、最低でも97円以下でなければ、この債券は売れないということになる。

つまり、1年後に物価が5%上昇すると皆が予想したということは、本来であれば、金利は5%以上に上昇していなければならない。しかし、この債券は利率が固定で最初から2%と決まっている。

利率が固定化している中で、利回りを上昇させるには、逆に取得コストを引き下げるしか方法はない。このため取得コストが97円に下がることによって、利回りを5%まで引き上げ、市場で決められた利子の水準まで調整が行われる。このタイミングで債券を売る人は、損すると分かっていてもこの値段を受け入れるしかない。

120兆円の損？ 日銀が抱える破たんリスク

ここで重要なのは、1年後に物価は5%上昇すると皆が予想したことである。つまり、何度も指摘しているように、金利というのは、時間を数値にしたものであり、将来の動きを今に反映させたものである。

これに対して金利が固定されているものは、金利を変えることができないので、価格を変えることによって金利の変化に対応している。つまり**債券価格は金利が上がると下がり、金利が下がると逆に上昇する**ことになる。

よく経済ニュースなどで、「金利は低下（債券価格は上昇）傾向が顕著となっており」といったように、カッコ書きで、金利と債券価格の関係を示す記述を目にすることがある。これは、金利の動きと債券価格の動きが逆になるため、両者を混同することを防ぐためである。

整理すると、**金利が上昇するということは、物価が上昇すると皆が予想している**ということであり、利回りを確保するため**債券価格は下落**する。つまり**インフレ**である。一方、**金利が低下するということは、物価が下がると皆が予想している**ということであり、**債券価格は逆に上昇**する。これは**デフレ**ということになる。

日本では量的緩和策が行われており、日銀が大量に国債という債券を買い入れている。識者の中には、日本の金利が急上昇することになると、日銀が債務超過に陥ってしまうと指摘する人もいる。その理由は、ここで説明したように、金利が上昇すると理論上、債券の価格は下落するからである。

2016年8月31日現在、日銀は約400兆円の国債を保有しており、平均残存期間（デュレーション）は9年となっている。これらの国債の利回りはかなり低いと見てよいので、もし今後、日本の金利が上昇する事態となった場合には、その分、国債の価格は理論的には大幅に下落することになる。

仮に金利が5％に上昇した場合には、債券価格は理論上、30％も値下がりしてしまう。400兆円の国債が3割値下がりなので、日銀が抱える損失は120兆円にもなる計算だ。日銀の資本金、準備金、引当金は7・5兆円程度しかないので、120兆円の損失となれば、一瞬で債務超過ということになる。最終的にはこの負担は国民が負うことになるため、一部の識者はこれを問題視している。

もっとも日銀が購入した国債は、時価評価はせず、満期まで保有することが大前提だ。だが量的緩和策を中断し、国債を市場で売却するような事態になった場合には、時価でなければ売ることはできない。また、名目上、債務超過になっていなくても、実質的に日銀が破たんしていると市場がみなせば、日銀の中央銀行としての機能はマヒしてしまうだろう。

日銀は金利が上昇しそうになったらさらに国債を買い上げ、金利を低めに誘導することが可能なので、すぐにこうした事態に陥るというわけではない。だが理屈の上では、**日銀は資産価格の下落リスクと隣り合わせ**ということになる。

日本国債は、基本的に国内の投資家（日銀含む）しか購入していないので、政府債務の増大は大した問題ではないとの意見もあるが、金利が上がれば、国債を購入した人が損失を被るという現実を忘れてはならない。

短期より長期の方が、金利が高いのはなぜか

――長期金利・短期金利とリスク・プレミアム

債券には1年以内に償還する短期のものと、5年を超える長期のものの2種類がある。銀行のローンも1年以内に返済する短期融資と長期のものに分かれている。そして、設定される金利も短期と長期では異なっている。

インフレ予想が金利差をつくる

一般的に**短期の金利は低く**、**長期の金利は高く**なる傾向がある。

では、なぜ短期の金利は低く、長期の金利は高いのだろうか。短期金利が低く、長期金利が高いのは、一種の常識となってしまっているので、多くの人が当たり前だと思ってこれを受け入れている。住宅ローンを組む人の中で、長期のローン金利が、なぜ短期より高いのかについて真剣に考える人はあまりいないだろう。

インフレ予想によって短期金利より長期金利が高くなる理由

A 【1年物の債券で100円を2年間運用(1年後に再投資)】
*インフレが予想されるので、金利は1年目は1%、2年目は2%に上昇

1年後の金額
101円 = 100円 × (1 + 0.01)　（1年目金利1%）→ 再投資

2年後の金額
103円 = 101円 × (1 + 0.02)　（2年目金利2%）

B 【2年物の債券で100円を2年間運用】
*金利は1.5%のまま

2年後の金額
103円 = 100円×(1 + 0.015)×(1 + 0.015)　（1年目金利1.5%）（2年目金利1.5%）

AとBは同じでなければ経済合理性がない → 長期の方が金利が高い

実は金融理論の世界でも、なぜ長期金利の方が高いのかについて明確な回答が得られているわけではない。ただ、金利というものが時間と密接に関係した存在である以上、その理由も時間と大きく関係していることは明らかである。

一般的に長期と短期で金利差が生じている理由は、以下の2つが原因と考えられている。

①インフレ予想
②リスク・プレミアム

経済はデフレの時代とインフレの時代が交互にやってくるが、基本的にインフ

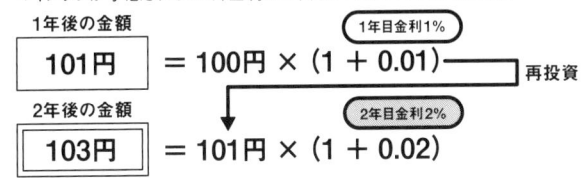

レが続く期間の方が圧倒的に長い。日本はバブル崩壊以後、25年以上にわたってデフレが続いてきたが、これは世界的に見ても非常に珍しいケースである。程度はともかくとしてインフレが継続するのが普通である。

そうなってくると、**毎年物価は上がり続けるというのが定常状態**ということになり、これが**長期と短期の金利差の原因**となる。

例えば、1年で1％の利回りが得られる1年物の債券があり、これを2年間運用すると仮定する。毎年、物価は上がっていくので、現在1％になっている債券の利回りは2％になると皆が予想している（もしデフレになるなら0・5％などに利回りが低下することになる）。

利回り1％の1年物債券を運用すると、1年後には101円になる。1年後には、利回りは2％になっているので、先ほどの運用で得られた101円を利回り2％の1年物の債券に投資すると、翌年には103円になっているはずだ。

一方、2年が満期の債券があり、この利回りが1％だったとすると、100円でこれを購入した投資家は、2年後には102円にしかならないので、この債券を買う投資家は存在しない。少なくとも、前述のように、1年の債券投資を2回繰り返したケースと同じにならなければ経済合理性がない。

もし2年の債券の利回りが1・5%であれば、これを100円で購入した投資家は2年後には103円を手にできる。つまり2年の金利（1・5%）は1年の金利（1・0%）よりも高くなっている。皆がインフレになると予想している限り、長期の金利は高く推移することになる。

長期金利のリスク・プレミアム

なぜ多くの人がインフレを予想するのかという件については、後ほどもう少し詳しく解説するので、ここでは長期と短期の金利差についてのみ議論を進めていく。インフレ予想に加えて、長期金利が高くなるもうひとつの理由がリスク・プレミアムである。

長期にわたって債券を保有していると、その間に市場環境が変わったり、金利が変動するリスクが高まってくる。また債券を発行している発行体の経営状況が変わる可能性もあるだろう。

したがって長期に融資を行う投資家は、短期の投資家に比べて高いリスクを取っているという解釈が可能となる。

長期と短期で金利が同じ水準では長期の投資家が損をしてしまう。市場ではそれを調整する動きが発生し、金利は自動的に調整されることになる。長期金利が短期金利に比べて高いのは、リスク分が上乗せされているという考え方であり、これは**リスク・プレミアム**と呼ばれている。

以上を総合すると、短期金利よりも長期金利の方が高いことの背景には、経済成長が続き、物価が継続的に上がっていくというポジティブな予想と、長い期間の間には何が起こるか分からないというネガティブな予想が存在しており、これらが交錯する形で、高い金利というものが形成されていることが分かる。

この基本的な感覚は投資全般において非常に重要である。長期の投資は有利になる一方、不確実性を伴う行為ということになる。

日銀の金融政策、本当の狙い

——マイナス金利とイールドカーブの異常事態

これまで見てきたように、利回りは原則として期間が長くなれば長くなるほど高くなる傾向がある。期間を横軸に、利回りを縦軸にしたグラフのことを**イールドカーブ**と呼ぶ。基本的に長期になるほど利回りが高いのでイールドカーブの形状は右肩上がりとなる。

バブル崩壊に見る景気の転換点

次ページの図（上）は日本国債のイールドカーブを示したものである。量的緩和策が始まる前の2012年12月の段階では、1年物国債の利回りは0・098％、5年物は0・187％、10年物は0・794％、40年物は2・138％だった。イールドカーブの形状は右肩上がりなので正常な状態である。

日本国債のイールドカーブ

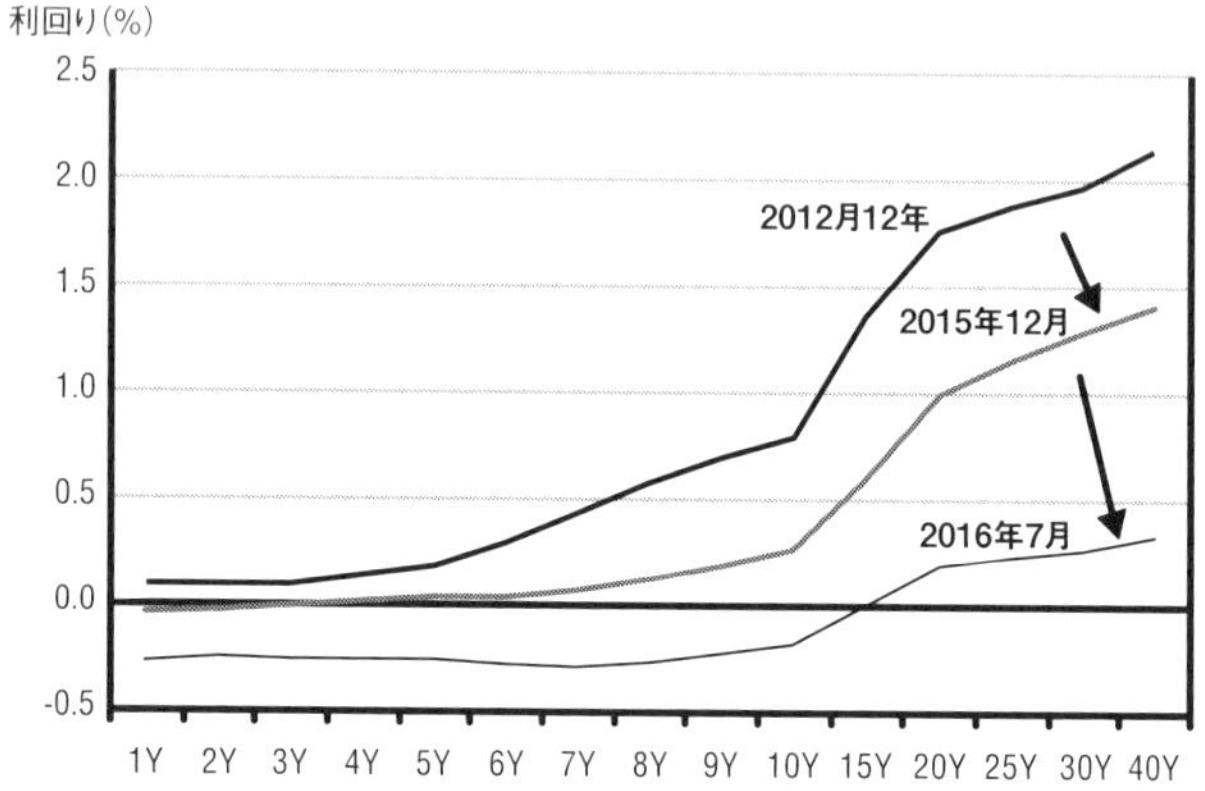

量的緩和策、マイナス金利政策の影響でイールドカーブはフラットに

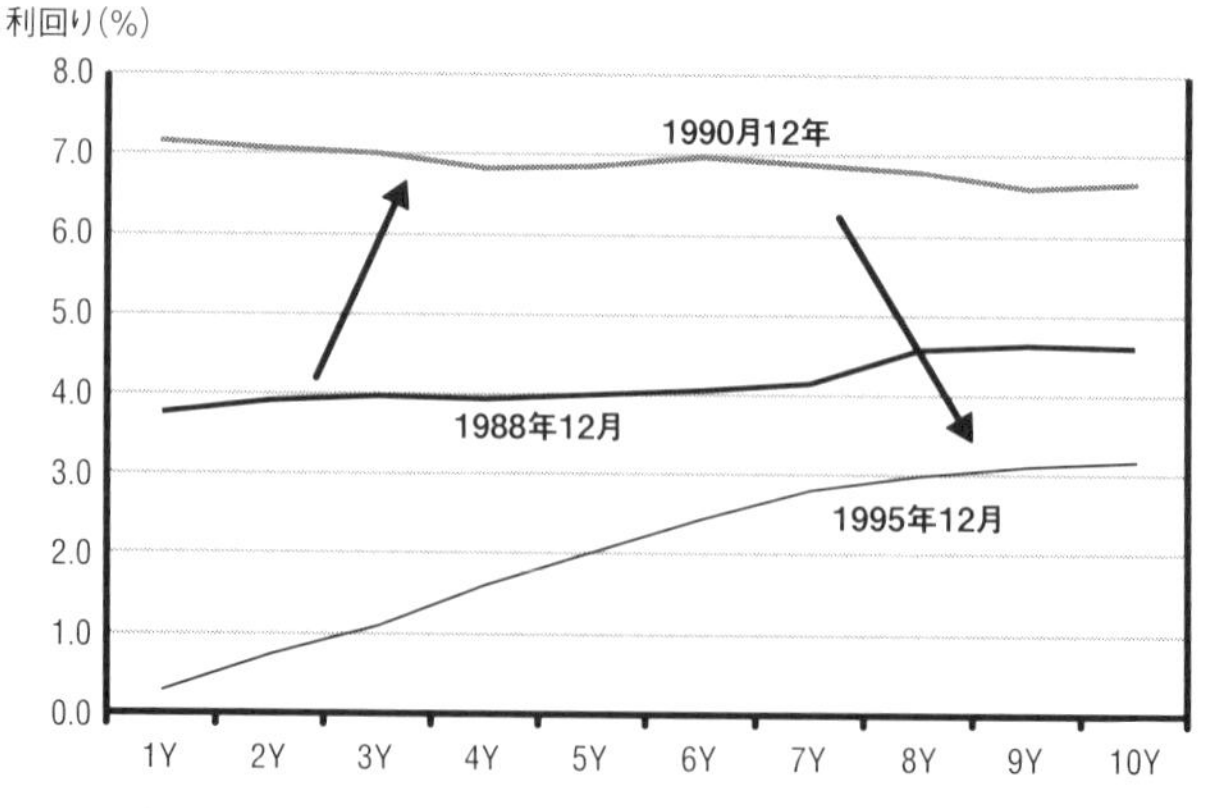

バブル期のイールドカーブは右肩上がりだが、末期には長短逆転

出所)財務省などから筆者作成

しかし、イールドカーブが常に右肩上がりになるとは限らない。時に長期金利と短期金利の差が逆転することがあり、こうした状況になるのは景気の転換点であることが多い。

図の下の段は**バブル期における日本国債のイールドカーブ**を示したものである。バブル経済が崩壊する前の1988年時点では、1年物の利回りは3・74%、10年物の利回り4・61%だったので、一応、右肩上がりの形状になっていた。

80年代以前の日本では経済成長率が高くインフレが激しかったので、基本的に金利は高めであった。また今ほど十分な資本蓄積もなく、企業は資金調達に苦労していた。このため短期金利も高めに推移しており、イールドカーブは、右肩上がりといっても、かなりフラットに近い形状をしていたのである。

それでも短期よりも長期の方が金利が高いというマーケットの自然な状態は維持されており、イールドカーブは右肩上がりの形状が続いていた。

しかし、バブル崩壊が近づくにつれてこうした状況にも変化が見られるようになってきた。バブル崩壊がほぼ確定的となった1990年12月には、1年物の利回りが7・1％まで上昇、10年物の金利である6・62％を上回り、長短逆転という状態に陥った。

ここで短期金利が急上昇した直接的な原因は、日銀がバブル退治のために相次いで**公定歩合を引き上げた**からである。公定歩合とは日銀が金融機関に対して貸し出しを行う際の基準となる金利のことである。かつては公定歩合をいくらにするのかが金融政策の中心だった。

1987年に2・5％だった公定歩合は、1989年に3・25％に、1990年には5・25％までに引き上げられた。急激な金融引き締めに加え、土地取引の総量規制が実施され不動産市場が崩壊した。

バブル崩壊の原因には様々な理由があるが、日銀の金融政策が与えた影響は大きいというのが一定のコンセンサスになっている。ここまで急激な引き締めがなければ、バブル崩壊ももう少し緩やかなペースだった可能性が高い。

もっとも公定歩合の急上昇という人為的な要素はあるが、一般的に**長短金利差が逆転するのは、市場が景気の先行きを不安視している時**である。足元では景気が過熱しており、金利が上がっているが、将来的には景気のスローダウンが起こり、資金需要が減少すると皆が思っているからこそ、長期金利が低下する。
実際、その後、バブル経済は完全に崩壊し、日本は長い不況の時代に入る。1995年にはようやく、イールドカーブが長短逆転という異常事態から回復したが、今度は短期金利水準の異常な低下にずっと悩まされ続けることになる。

マイナス金利政策、本当の狙いとは

もっともイールドカーブの形が変わるのは、景気の転換点だけとは限らない。市場に人為的な操作が行われれば、当然、カーブの形も変わってくる。今、行われている量的緩和策はまさにこれに該当する。

量的緩和策によるイールドカーブの変化について理解を深めるためには、**日銀の量的緩和策**の仕組みについて再整理する必要があるだろう。

量的緩和策とは、中央銀行が積極的に国債などの資産を購入することで、マネーを大量供給し、市場にインフレ期待を発生させる政策である。

これまで日本では不景気が続き、金利が低い状態が続いてきた。名目上の金利はかなり低い水準まで下がってしまったので、ここからさらに金利を引き下げるには別の方法が必要となる。

金利には**名目金利**と**実質金利**の2つがある。

名目金利はまさに現実の金利水準のことを指している。一方実質金利は、名目金利から物価の上昇分（期待インフレ率）を差し引いたものである。

皆がインフレになると考えると、期待インフレ率が上がり、実質的な金利を引き下げることが可能となる。実質的な金利がさらに下がれば、企業はお金を借りやすくなり、設備投資などが増えるというメカニズムである。

量的緩和の実施後、日銀は年間80兆円という猛烈なペースで国債買い入れを行い、金利は一気に下がり始めた。量的緩和策のスタートから2年半以上が経過した2015年12月には10年物の金利は0・27％に、40年物の金利は1・4％に低下している。

この状況をさらに加速させたのが、2016年1月の金融政策決定会合で導入された**マイナス金利政策**である。これは、金融機関から預かっている当座預金の一部に対してマイナス金利を付与するというもので、国債の購入代金が当座預金に積み上がってしまい、市中に出回らないという事態（いわゆるブタ積み）を回避するための政策である。

預金金利がマイナスになるということは、短期金利も否応なくマイナスになるということを意味しており、それにつられて長期金利も大きく下がることが期待された。実際、マイナス金利導入後は、イールドカーブが10年物まですべてマイナスとなり、長期債の利回りも低下して、イールドカーブはほぼフラットになった。

ここまで長期金利が安くなると、長期債で運用してもあまり意味がなくなってしまうが、日銀の狙いはまさにそこにある。

国債を持っているだけでは運用にならないので、理屈上、**金融機関や個人は、お金を株式や不動産、商品など値上がりが期待できるものにシフトさせる**ようになる。これによって、なかなか脱却することができなかったデフレを克服しようというのが、マイナス金利政策の狙いである。

マイナス金利の導入によってイールドカーブがフラットになったので、日銀の目的はある程度達成されたと言ってよい。だが残念なことに、現実にはリスク資産へのシフトはあまり進んでおらず、日銀が想定したような状況にはなっていない。

なぜ物価は上昇するのか

――インフレと経済成長

これまでの議論で、金利と物価には密接な関係があることがお分かりいただけたと思うが、ここでもう少し**物価上昇**について考えてみたいと思う。

物価が上がるメカニズム

長期金利が短期金利よりも高いのは、多くの人がインフレを予想しているからだが、そもそも人は、なぜインフレが続くと考えるのだろうか。その理由は、同義反復的だが、金利というものが存在するからである。

まとまったお金があれば、人はそれを運用して儲けることができる。このため、お金を人に貸す場合には、金利を徴収しないと、運用益の機会損失となってしまう。したがってお金の貸し借りには必ず金利というものがついて回ることになる。これは第1章で説明した通りである。

これを社会全体に適用するとどうなるだろうか。

お金が余っている人は銀行に預金し、銀行はお金が必要な人や法人に対して、金利を徴収して融資を行っている。貸したお金が返済される時には必ず利子が加わっているので、社会全体で必要とされるお金の総量は増えていくことになる。**お金の量が増えるとお金の価値は下がるので、物価は上昇、つまり世の中はインフレになるというメカニズム**だ。

お金が融資や投資という形で必要な場所に適切に融通されると、取引が活発になり、それが経済成長とインフレをもたらすという面も無視できない。

取引が活発になると、より多くのお金が必要となる理由は、ビジネスの現場をイメージすると分かりやすいだろう。

ある商店のケースを考えてみよう。もし不景気で商品があまり売れなければ、今ある商品を販売し、顧客から代金を受け取った後に、次の商品を仕入れればよい。

しかし、景気がよくなり、顧客から次々と注文が舞い込むようになるとそうはいかなくなる。顧客からの入金を待っていては、新しい商品を仕入れるタイミングが遅くなり、在庫不足になってしまうからである。

商店は、在庫不足にならないよう、銀行からお金を借り、販売代金が支払われる前に、次の商品を仕入れることになるはずだ。こうした状況が社会全体で同時多発的に進行することになる。皆が、商品の仕入れのためにお金を必要とするので、売買に必要な金額以上のお金が市場にないと、スムーズに経済が回らなくなってしまうのである。

中央銀行は金融機関に対してお金を供給しているが、こうした資金需給を見ながら、その量を常にコントロールしている。経済が活発になると、中央銀行はより多くのお金を市中に提供する。

提供されるお金の量が増えれば、当然、物価は上昇し、これを世間ではインフレと呼ぶ。経済が活発になれば、必然的に社会全体に必要なお金の量が増え、物価も上昇するという仕組みだ。

こうしたメカニズムは、上下のブレはあるとしても持続的なものであると多くの人が考えている。このためインフレは恒常的なものとなり、その結果として長期の金利は高めに推移する結果となる。

長期金利は名目GDPに一致する

経済がうまく回っていると、GDPは一定割合で成長を続け、それに伴ってマネーの需要も一定のペースで増え続けることになる。中央銀行はこのペースがうまく維持されるようマネーを供給していく。その結果、適切に経済成長している社会では、経済の拡大ペースに合わせて、インフレが進むことになる。

世の中では、**よいインフレ、悪いインフレ**という議論が交わされることがある。インフレは、モノに対して貨幣の価値が下がっていることを意味しているだけで、それ自体に意味はない。だが景気が順調に拡大している時には、適度なインフレが発生しているので、こうした状況のことを俗によいインフレなどと呼んだりする。

そうなってくると、経済が安定的に成長している時には、GDPの成長率と長期金利は同じような動きを示すことになる。

GDPの数値が大きくなると、取引量が増え、必要となるマネーの量も増えるので、マネーには稀少価値が出てくる。このため金利は上昇傾向を強める結果となるわけだ。

また、こうした環境では物価が上がると皆が予想するようになるので、お金を貸す人は、将来、返済された時に損をしないよう、金利を高く設定するとも解釈できる。例えば2％の利子で100万円の資金を1年間、人に貸したというケースを想定してみよう。

何も変化がなければ、1年後には、元本100万円と利子の2万円が返ってくるので2万円の儲けとなるが、インフレが進むとそうはいかない。

今年100円だった商品がインフレで来年は105円に値上がりしているとすると、102万円ではなく、105万円返ってこなければお金を貸した人は損してしまう。このためインフレが進むと皆が考えれば、当然、金利も上昇するのが自然な姿である。

図は日本国債の金利（10年物）と名目GDPの推移を示したものである。名目GDPは物価上昇分を考慮に入れない生のGDPの数値なので、金額ベースで評価したGDPと考えてよい。

基本的に上下のブレはあるものの、名目GDPの数値と金利の動きは一致していると考えてよい。

1970年代はオイルショックなどによるインフレが進んでいた時代であり、名

長期金利は名目GDP成長率に収束する

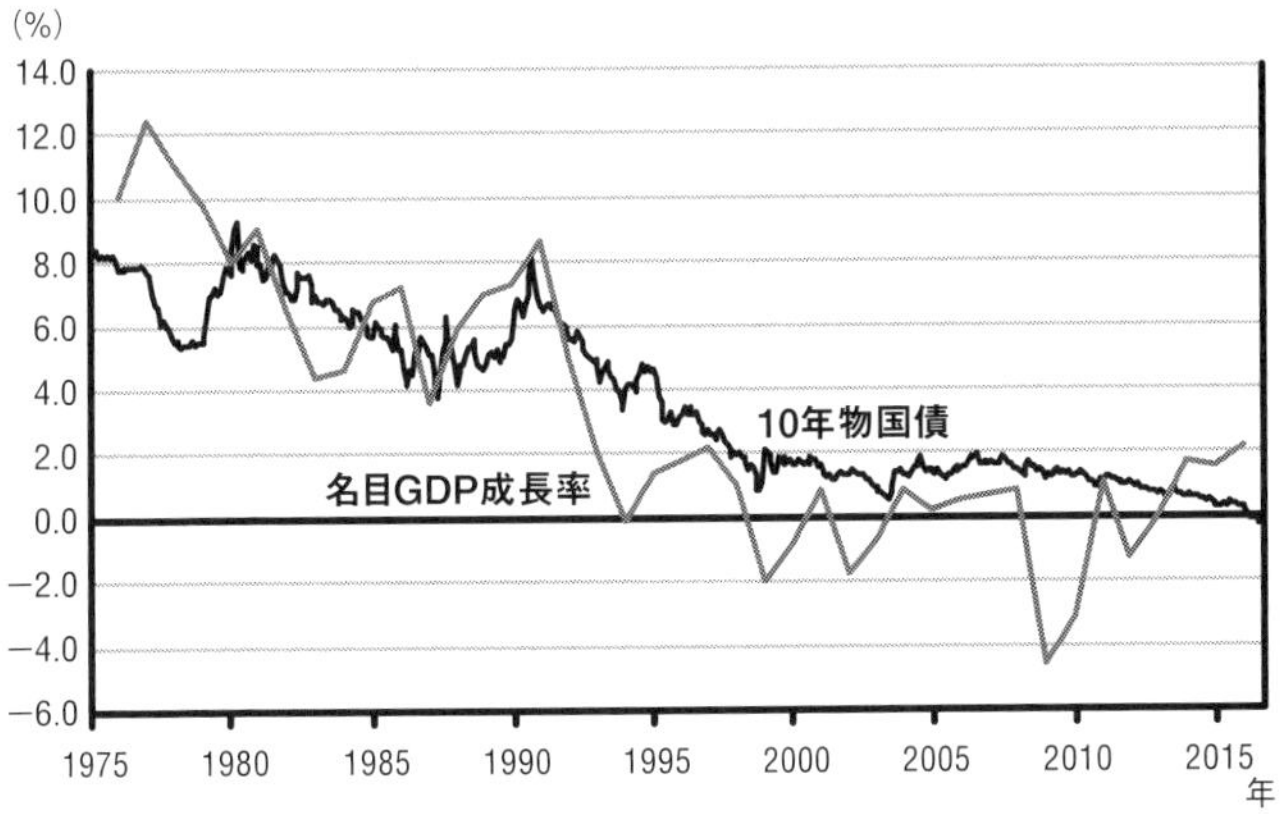

出所）内閣府、財務省から筆者作成

目ＧＤＰの成長率は10％を超えていた年もあった。金利も多少乱高下しているがこうした事態を織り込み、高めで推移している。

その後、成長率の低下と共に、金利も低下傾向が顕著となっている。途中、成長率が一時的に回復したのはバブル期だが、この時には金利は一時、８％に達していた。しかし、その後は、長期にわたって金利もＧＤＰも低空飛行を続けている。

このチャートを見る限りは、**長期金利は名目ＧＤＰにおおよそ一致する**と判断して差し支えないだろう。この基本原則はあらゆる局面で役に立つので覚えておいた方がよい。

金利の動きから、いかに景気をよむか

——金利、株価、景気循環のメカニズム

長期金利は基本的にその国の名目GDP成長率と密接な関係がある。経済が成長すると皆が考えれば金利は高めに推移し、逆に成長が鈍化すると考えれば金利は低くなる。

しかしながら、経済というのは、一直線に拡大していくわけではない。そこには人々の心理というものが大きく影響するからである。経済の見通しが変わることによって金利が変化し、それが現実の経済にも影響を与えることになる。つまり**金利の変化によって景気循環が発生する**ことになる。

金利は景気循環を示す指標

ビジネスの取引が活発になると、インフレ期待が高くなり、その結果、金利も上

GDP(支出面)を構成する要素と金利

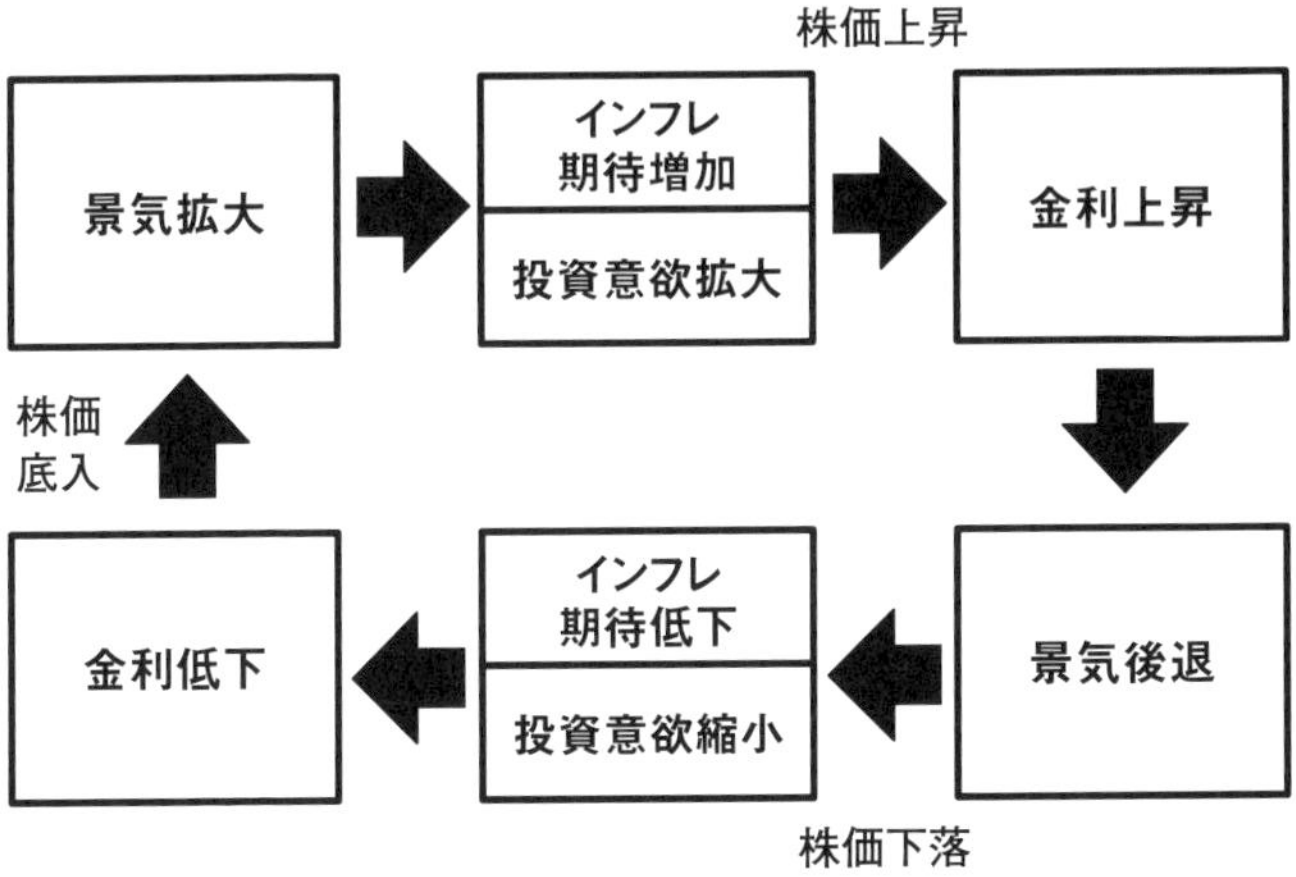

昇していく。

金利の上昇幅が小さいうちは大した影響はないが、大きい幅で金利が上昇するような状況になると、今度は金利の動きが経済に影響を与えるようになってしまう。

具体的には金利が高いので、お金を借りるという行為を躊躇する人が出てくる。企業の設備投資は、自己資金ではなく、銀行からの融資で賄われることが多い。このため金利が上昇すると、コスト負担が大きいため、投資を取りやめる企業が増えてくるのだ。

この動きが顕著だった場合、**設備投資の減少**という形で経済に少しブレーキがかかり始める。設備投資が減ると、その分の発注や人件費が減少するので、やがては所得の減少という形で消費にも影響を与える。

最終的には、金利の上昇が逆に経済活動を停滞させるという結果にもなるのだ。

金利の上昇によって景気低迷となり、その期間がしばらく続くと、今度は再び逆向きのベクトルが働き始める。金利が低下することで融資が活発になり、これが設備投資などを誘発するのだ。これが、いわゆる**景気循環論の基礎**となる話である。

景気の話を純粋な投資の話に置き換えてもこの話は成立する。

景気が活発になると、インフレ期待が高まってくる。モノの値段が上がるということは、株式や不動産などに投資をした方が得ということを意味している。現金として寝かせておくのではなく、お金をモノに替えた方が有利である。逆に言えば、現金を持っていることはインフレ下では不利になってしまう。

すると多くの人は貯蓄を取り崩し、投資に邁進するようになるだろう。そうなると、これまで眠っていた銀行預金が動き出すことになる。銀行は十分な資金を確保しにくくなるので、金利を上げて預金を確保しようとする、その結果、金利が上昇するという現象が発生するのだ。

先ほど純粋なインフレ期待で金利が上昇すると説明したが、銀行が預金不足から金利を上げることも、同じメカニズムと言ってよい。景気拡大期にはこうした作用が同時に働くことにより、金利が上昇し、やがてはこれが景気を冷やす原因となる。景気が下降サイクルに向かうメカニズムも同じである。

金利が高くなってくると、無理に投資をしなくても、預金で利子を稼いだ方が安全で得という考え方も徐々に浸透してくる。これによって株式や不動産への投資が縮小し、景気は冷やされることになる。ある程度まで、景気が縮小した後は、先ほどと同じメカニズムで再び拡大サイクルがスタートする。

このことは、**金利の動きと株価の動きには密接な関係がある**ことを意味している。景気が拡大する局面では、株価も上昇しているが、金利も徐々に上がっていくことになる。金利がゆっくり上昇しているうちは、順調なインフレ期待なので問題ないが、金利の上昇スピードが速くなってくると、市場が景気の過熱を心配しているサインかもしれない。最終的にはどこかのタイミングで株価が下落を開始し、その後を追うようにして金利も下がっていく。

景気後退が十分な水準となり、金利も下がるところまで下がると、次は株式が反転するタイミングとなる。株式投資は株価の動きだけを見ていればよいというわけではない。相場の転換点をうまく活用するためには、金利の動きに注意を払い、最適なタイミングを見計らうことが重要である。

名目金利と実質金利

さらに言えば、**金利の上昇とインフレが常に同じタイミングで発生するわけではない。**金利はあまり上がっていないのに、インフレ率が上昇していたり、その逆もあり得ることになる。

例えば金利が2％から4％に上昇しても、物価も同じ割合だけ上昇していれば実質的には何も変わらないことになる。一方、同じように2％から4％に金利が上昇したにもかかわらず、物価が1％の上昇にとどまった場合、実質的な金利の上昇分は1％ということになる。

現実の経済は名目上の金利だけでなく、物価を考慮に入れた金利の影響を受けることもある。物価の動きを考慮に入れた金利を**実質金利**、物価を考慮に入れないそのままの金利を**名目金利**と呼ぶ。実質金利は名目金利からインフレ率を差し引いたものである。

実質金利の議論が重要となってくるのは、**量的緩和策**と**為替相場**である。

日本では過去25年間、デフレが続き、景気が低迷するという状況に陥っていた。1990年の長期金利は6％台と高い水準だったが、これはバブル経済の余韻がまだ残っており、不景気は長期化しないと期待する人が多かったからである。

ところが、その後、金利は低下が続き、1995年には3％に、2000年には1.7％になった。本来であれば、金利が低下すれば、企業は銀行からお金を借りやすくなり、設備投資が拡大するはずだ。しかし、経済の見通しがあまりにも暗いと、企業はいくら金利が安くても、リスクを取って設備投資を行うことには慎重にならざるを得ない。

2006年から2007年にかけては、米国で不動産バブルが過熱し、円安が進んだこともあって日本の輸出企業の業績が大きく伸びた。

この時期には、設備投資に前向きな企業が増え、金利も底を打つのではないかとの期待があったが、これもリーマン・ショックによって消え去ってしまう。結局、金利はさらに低下することになり、量的緩和策がスタートする前年の２０１２年には０・８％と１％を切るまでになっていた。

このような状況になると、金利を下げて景気を刺激するというメカニズムが働かなくなってしまう。経済学の世界では、**金利が低くなりすぎると金融政策が効きにくくなる**というテーマがよく議論されているが、当時の日本はまさにそのような状況だった（今もあまり状況は変わっていないが）。

このような環境下で、さらに金利を下げたことと同じ効果を得るためには、実質金利を人為的に引き下げればよいという結論になるのだが、これが量的緩和策の基本的な考え方である。繰り返すが、実質金利は名目金利から物価上昇率を差し引いたものだ。

日銀が国債を大量購入し、市中にお金を供給すれば、市場でインフレ期待が発生する。予想物価上昇率が上がるので、実質金利は低下することになる。名目上の金利はこれ以上下げられなくても、実質金利を引き下げて設備投資を活発化させようというのが量的緩和策の趣旨ということになる。

4章

金利の魔力でお金を増やす

外国為替はここに着目せよ

——実質金利差と為替で儲ける

投資の世界において、金利は非常に重要なファクターとなっている。だが、現実には、株式投資でも為替投資でも、金利に注意を払っている人はあまり多くない。海外の高利回り債券の人気は高いが、これも、金利に関心があるのではなく、単純に高利回りに惹かれているだけである。なぜ、金利が高いのかというところにはあまり関心が寄せられていないようだ。

日米の金利差でこれから円安になる

本書をここまで読んできた方ならすでに十分に理解していると思うが、投資を行うにあたって金利の動きに注意を払うというのはとても大事なことである。

金利の動向がもっとも顕著に反映される商品のひとつが**外国為替**である。第1章で説明したように、長期的に為替は物価との連動性が高い。また物価と金利の動きにも密接な関係がある。したがって金利の動きを分析できれば、為替の動きもある程度、予想できるようになる。

具体的には、**二国間の実質金利差を用いるのがよい。**

ドル円を例にとってみると、日本と米国の実質金利差と為替にはかなりの相関が見られる。ここで重要なのは、名目金利ではなく、名目金利から物価上昇率を差し引いた実質金利という点である。

次ページの図（上）は2004年から2016年にかけてのドル円相場と、日米の実質金利差のチャートである。日本の実質金利は、10年物国債の金利から消費者物価指数の上昇率を引いたもの、米国の実質金利は、同じく10年物国債の金利から消費者物価指数を引いたものである。

日本と米国の金利差の動きは、ドル円相場の動きとほぼ一致している。特にリーマン・ショック後から現在までの相関性が高い。

リーマン・ショック後は米国が3度にわたる量的緩和策（QE1〜QE3）を実施し、市場にはインフレ期待が発生。実際に物価も順調に上がっていた。

日米の実質金利差とドル円相場

出所）総務省、財務省、米労働省、日銀、FRBなどから筆者作成

日米の長期債の利回り推移

出所）日銀、財務省、FRBから筆者作成

これに対して日本ではデフレが続いており、物価は下落が続いていた。このため米国の実質的な金利は低めに、日本の実質金利は高めに推移し、その結果、為替は円高に振れた。

急激な円高をめぐっては、米国経済が危機的状況になったので、安全資産として円が買われている、といった解釈が目立ったが、こうした理解はあまり現状を的確に把握していたとは言い難い。

基本的には、米国が量的緩和策で名目金利が下がり、日本と米国の名目金利差が縮小する中（図下）、米国のインフレ期待で物価が上昇したことで、米国の実質金利が低下したことが最大の要因である。

その証拠に、日本が量的緩和策を模索し始めると為替は急激に反転し、量的緩和策がスタートした2013年からは一気に円安が進んだ。

アベノミクスがスタートしてからは日本と米国はまさに逆の状況となった。

米国は量的緩和策がある程度成功し、出口戦略を模索し始めていた時期であった。量的緩和策が終了すると金利は高くなってくるはずなので、米国の金利は徐々に上昇を始めることになった。

一方、日本はここから量的緩和策をスタートさせている。量的緩和策の導入によって、米国と同じように、名目上の金利が下がる一方、物価が上昇することで実質金利が大幅に低下することになる。これまでとは逆に、お金は日本から米国に流れることになり、為替はドル高（円安）になる。２０１３年から２０１５年までのドル高円安は、日本のインフレ期待が高まったことが原因である。

ソロス・チャートは本当に使えるのか

では、その後、少し円高に逆戻りしたのはなぜだろうか。これについてもまったく同じ理屈で説明が可能である。

日本は米国と異なり、量的緩和策がうまく機能しなかった。このため、２０１５年あたりから市場のインフレ期待が急速に萎み、物価の伸びが鈍化、２０１６年に入ると、物価上昇率がマイナスになる月も珍しくなくなった。名目上の金利は量的緩和策で低いままだが、物価上昇率がマイナスになったことで、実質金利は逆に上昇する結果となった。これが円高を引き起こしている。

短期的に見ると為替相場は様々な要因が絡んで価格が形成される。このため、かなりのプロであっても、短期的な為替の動きを予測することは困難である。しかし、中長期であれば、これまで見てきたように、実質金利と物価に大きな影響を受けている。最終的には**金利と物価の動向で為替は決まってくる**と思ってよい。

２０１６年11月の大統領選挙でトランプ候補が当選したことで、為替は再び円安の動きを活発化させているが、これもトランプ氏が掲げるインフラ投資によって米国の金利が上昇するとの思惑が市場に出てきていることが原因である。

為替について、金利と物価以外の動向で判断することには、むしろ慎重になった方がよいだろう。

例えば、為替についてよく説明材料に用いられる**ソロス・チャート**などはその典型である。ソロス・チャートは、著名投資家のジョージ・ソロス氏が考案した為替の分析手法で、それによると、二国間のマネタリーベースの差が為替動向を決めるという。

リーマン・ショック以降のドル円相場については、ソロス・チャートと現実の為替の相関性は高い。その理由は、米国が量的緩和策を実施することによってインフレ期待が発生し、日米両国の物価に差が生じ、実質金利が変化したからである。続いて日本が量的緩和策を行った際には、当初はインフレ期待がうまく機能していたので、やはり現実の為替との相関性は高かった。

しかし、2003年から2005年にかけて日銀がマネタリーベースを増やした時期には、ソロス・チャートと為替の動きは一致していない。これは、マネタリーベースが変化しても、物価や実質金利に大きな動きが見られない場合には、為替は動かないことを意味している。

つまりソロス・チャートというのは、マネタリーベースの動きが、最終的に物価や実質金利に作用することで初めて有効性を持ってくる。

ソロス氏は世界有数の投資家であり、そのようなことは百も承知である。むしろ、すべてを分かった上で、何らかの意図を持って発言していることも多い。したがってソロス氏のような人が説明した分析手法は、必ずしも汎用性があるものではないということをよく理解した上で、彼の手法を学ぶことが重要である。

為替については、まずは金利と物価をチェックするというのが王道であり、どうしてもそれで説明がつかない時には他の要因を考えるという順番が望ましいだろう。

米国の利上げと株価上昇のシナリオ

——長期債券利回りと外国株で儲ける

このところ、世界の株式市場における最大の関心事は**米国の利上げ**と言ってよいだろう。株価の動きだけを見ていては、状況を正しく分析することはできない。プロの投資家は常に金利の動向と株価の動向をセットで考えている。

米国の株価の動きと金利の動きは非常に教科書的なので、よい題材になる。

FRBの利上げで株価はどうなる

米国の中央銀行にあたる**FRB（連邦準備制度理事会）**は2014年10月、リーマン・ショック以後、5年以上にわたって続けてきた量的緩和策の終了を宣言。2015年12月には、とうとう利上げをスタートさせた。これまで0・25%だった米国のFF金利（フェデラルファンド金利）が0・25%引き上げられて0・5%になった。

ＦＲＢが利上げに踏み切ったことで、市場の焦点は、今後の利上げタイミングに移っている。ＦＲＢは２０１６年12月に予定通り再利上げを行ったが、２０１７年以降の利上げ回数はどうなるか分からない。ただトランプ大統領の就任で金利は上昇傾向を強めるのだとすると、利上げは複数回実施されるかもしれない。

株式市場は利上げに対して神経質であり、利上げ観測が高まると、株価が下がり、利上げ期待が後退すると、株価は逆に上昇することがよくある。

ここまで読んで、一部の読者の方は疑問を感じたかもしれない。

本書では、金利というものは長期的な経済成長率とリンクしており、金利が上がるということは、景気が拡大しているというサインだと説明してきた。そうであれば、金利の上昇で株が下がるのは逆の動きということになる。

理屈の上では、確かに金利の上昇（債券の下落）と株価の上昇はセットになるはずだ。金利が上がるということは、継続的にＧＤＰが拡大することを市場が予想しているということであり、そのような環境であれば、株式に投資をした方が圧倒的に利益が大きくなるため、金利上昇と株高が同時に進むことになる。

ダウ平均株価と米国の長期債利回り推移

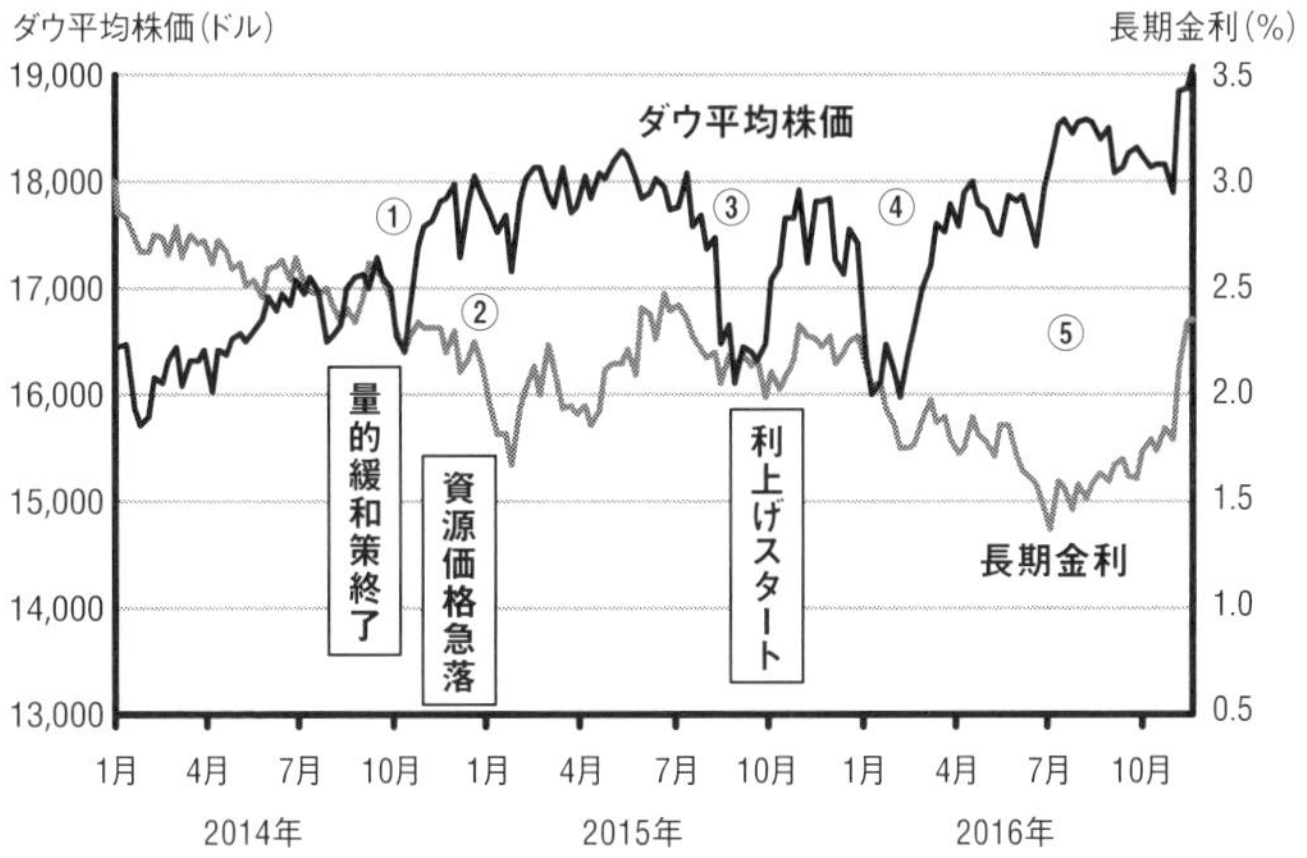

だが、金利上昇には別の作用もある。景気循環の項目でも解説したように、**金利の上昇が逆に金融市場を引き締め、景気を後退させる**という作用である。さらに言えば、市場の短期的な動きとしては、**金利が上がると株から債券に投資対象をシフトさせる**という動きも発生し、これが株安を誘発することもある。

では実際の株価と債券価格の動きを見てみよう。

FRBが量的緩和策を終了させた2014年10月時点では、債券価格は大きく変動しなかったが（図の①）、株価は上昇に転じている。

これは量的緩和策の終了について、

リーマン・ショックから経済が完全に立ち直った証であると、市場が素直に評価した結果である。一方、FRBはせっかく回復した景気の腰を折らないよう、当面は低金利を継続する意向を示していたので、金利は低いままとなっていた。本来なら金利は高くなっていたはずだが、FRBの意向が大きく影響したと解釈してよい。

ところが、ここで思わぬハプニングが発生する。資源価格の急落による成長率の鈍化懸念である。2014年の前半には100ドルを超えていた原油価格が急激に下落し、年末には40ドル台となってしまった。

原油価格の下落は物価低迷を引き起こすリスクがあるので、名目成長率を引き下げる可能性が出てくる。債券市場はこれに敏感に反応して買いが進み、金利は急低下した（図の②）。

ただ、この時点ではダウはあまり大きく反応していない。米国は石油の産出国でもあるが、最大の消費国でもあり、**原油価格の下落は消費を拡大させる**という期待があったからである。

ここまでの動きは、本書で解説してきた教科書的な金利の動きとほぼ一致している。基本的には米国経済は堅調であり、その結果として株が上がっている。本来であれば、金利も上がっているはずだが、ＦＲＢが低めに誘導しているので、実際には金利が上がらなかっただけである。

株価だけ見ていては見誤る

ところが２０１５年の後半になると状況が大きく変わった。**中国経済の先行き不安**から中国株が急落し、米国株も大幅な下落となったからである（図の③）。

しかし、中国の景気失速が米国にはそれほど大きな影響を与えないとの安心が広がったことで株価は回復し、その後、ＦＲＢはとうとう利上げに踏み切っている。

その後、中国の景気不安から再び株価が下落する局面はあったが、結局、株価は元に戻している（図の④）。だが、２度の株価下落をきっかけに、米国経済もそれほど楽観視できないとの見方が広がり、利上げが意識されているにもかかわらず、金利はその後低下を続けている。

２０１６年に入ってからは、金利が上がると株価が下がり、金利が下がると逆に株価が上がるという少々不自然な状態が続いた。しかし大規模なインフラ投資を掲げるトランプ大統領の誕生で株価と金利は再び上昇傾向を見せている（図の⑤）。

ではこの先、ダウ平均株価はどう推移するのだろうか。

シナリオとしては3つほど考えられるが、おそらくカギを握るのは金利動向ということになるだろう。

1つめのシナリオは、**米国の景気がさらに拡大する**というものである。

現在の景気の足踏みと、金利の低下が一時的なものだとすると、最終的には金利はさらに上昇を続けることになる。トランプ氏が掲げる大型のインフラ投資がフルに実行された場合には、好景気が続く可能性が高くなり、株価も上昇する。これは、株価上昇＝金利上昇という、金利と株価の正常な関係が続くという見立てである。

2つめのシナリオは、**米国の景気が踊り場**に差し掛かっており、最悪の場合には、景気後退に陥るというものである。このシナリオが成立する場合、このところ続いた金利低下は一時的なものではなく、景気悪化を示すサインという解釈になる。

このシナリオが正しい場合、金利の方が先に実体経済の状況を反映しており、株価の方が遅れて現状を追認するという話になる。つまりダウ平均株価は近い将来、大幅に下落することが予想される。もしこのシナリオが本当なら、金利は今後、再び低下することになるだろう。

3つめのシナリオは、**現状維持**である。

米国経済は失速するほどの状況ではないが、ドル高などの影響から、大幅に拡大するのも難しいということになると、しばらくは同じ状態が続くことになる。トランプ効果による金利上昇も、金融引き締め効果の方が大きければ、景気の腰を折ってしまうかもしれない。したがって株高も思ったほどは進まない可能性もある。

金利がそれほど上がらなければ、現在の成長は維持されるので、逆に株価が大きく下落することもないという見立てが成立する。

もっとも、シナリオ3は、シナリオ1とシナリオ2に移行するまでの過渡期であり、半永久的にこうした状況が持続する可能性は低いだろう。ただ、景気がどっちつかずの状態で数年が経過することは十分にあり得るので、数年というタームの投資であれば、シナリオ3というのも十分に考慮に入れる必要がある。

いずれにせよ、株価の動きだけを見て状況を判断するのは危険である。特に米国株は世界経済との連動性が高いので、金利との対比が非常に重要である。

日本の量的緩和策、その行く末

――日銀の金融政策に乗じて儲ける

日本における金利と株価の関係はどのように解釈すればよいのだろうか。米国は世界経済の中心なので、他国の金利や株価の影響を受ける程度は少ない。しかし、日本はあくまで地域経済圏のひとつに過ぎず、国内の要因だけで金利や株価が決まるわけではない。まずは米国の金利と株価の動向があり、それに国内要因が関係すると見てよい。

「異次元緩和」とは何だったのか

量的緩和策についてはこれまでも随所で触れてきたが、ここでもう一度、どのような政策だったのか整理してみよう。

量的緩和策は、日銀が積極的に国債などの資産を購入することで、市場に資金を大量供給し、インフレ期待を発生させる政策である。具体的には年間約80兆円分の国債を購入するというもので、その分だけ日本円の価値は減価することになる。円の価値をあえて下げることで、市場参加者に物価が上がることを期待させるのが量的緩和策の狙いである。

金利には名目金利と実質金利の2種類がある。

名目金利は市場で直接的に決まる金利のことで、実質金利は物価の上昇を考慮に入れた金利のことである。具体的には名目金利から物価上昇率（期待インフレ率）を引いて算出される。

期待インフレ率が高くなると、実質金利が低下するので、企業が資金を借りやすくなり、設備投資が伸びるというメカニズムである。

日本では不景気が長引き、低金利とデフレが長く続いていた。名目上の金利は、これ以上引き下げることができないので、逆に物価を上げて、実質的に金利を引き下げようとしたのである。

株式、債券、為替という3つの主要市場の中で、もっとも自由度が高く、グローバルな市場メカニズムとの親和性が高いのは為替市場である。日銀による量的緩和策の実施はすぐに為替の動きに反映された。

何度か説明してきたように、ドル円の為替レートは、両国の実質金利差との相関性が極めて高い。日本においてインフレ期待が高まったことで、日本の実質金利が低下し、為替は一気に円安ドル高に振れた。

量的緩和策がスタートする前年の2012年末時点において、為替は1ドル＝80円台だったが、量的緩和策が始まったことで1ドル＝100円に下落、2015年には1ドル＝120円に達した。

円が安くなると、その分だけ輸出産業の見かけ上の売上高や利益が増加するので、それに合わせて株価も上昇することになる。2013年の年初において1万円だった日経平均は、2013年後半には1万5000円台に乗せ、2015年には一時、2万円を突破している。

この間、長期金利は日銀の積極的な国債購入で低下する一方であった。

量的緩和策の実施前、0・8％を超えていた長期金利は、量的緩和策のスタート以後、低下を続け、2014年8月には0・5％になった（図の①）。インフレ期待が高まる中で名目金利が低下すると、それは実質金利の大幅低下につながる。

日経平均株価と長期債利回り推移

2014年8月時点における消費者物価指数の前年同月比はプラス1・3%(消費税の影響除く)であった。長期金利は0・5%なので、名目金利から物価上昇率を差し引いた実質金利は、0・5%－1・3%＝マイナス0・8%と事実上のマイナス金利状態となっていた。

国債の大量購入で、インフレ期待を発生させ、実質金利を低下させるという日銀の目論見は、少なくとも当初はうまく機能していたことが分かる。

米国の場合、これがうまく作用し、経済は回復軌道に乗り、最終的には量的緩和策の終了まで到達することができた。だが日本の場合には、量的緩和策が徐々に効果を発揮しなくなっている。

日銀は状況を打開するため2016年1月、当座預金に保管されている金融機関からの預金の一部に対してマイナスの金利を付与するマイナス金利の導入に踏み切った（図の②）。

マイナス金利は効果なし？

マイナス金利というのは、少々ピンとこない概念だが、金利の考え方がまったく逆になると思えばよい。

一般的な金利は、お金を貸した側が、その間の機会損失をカバーする目的で貸した相手から徴収するお金のことを指す。これは銀行にお金を預ける預金者と銀行との関係でも同じことである。

預金者から見れば、銀行に預けたお金は銀行に貸したお金と同じである。その間の機会損失の代わりに利子を銀行から受け取っている。一般の銀行は、一般の法人や個人を相手にしているが、日銀はそうではない。

日銀は個人や法人とは取引しない銀行であり、唯一、日銀が取引するのは銀行だけである。つまり銀行から見れば、日銀に預けたお金は、一般の預金者が銀行に預けたお金と同様である。通常は、預けた金額に応じて、日銀から利子を受け取ることができる。

マイナス金利というのは、**金融機関が日銀に預金したお金の一部に対して、利子を支払うのではなく徴収するという仕組み**である。わたしたちが銀行にお金を預けると、その分、利子がもらえるのではなく、手数料が発生するようなものだ。

銀行にとっては日銀に預けていては手数料分だけ損をしてしまうため、当座預金からお金を下ろすことになる。だが銀行にとっては、お金を下ろしたところで、何の収益にもならない。

日銀としては、銀行が積極的に融資を増やしたり、海外への投資を増やすのではないかと期待してマイナス金利を導入したのだが、銀行は日銀が想定したようには行動していない。国内の預金は増えておらず、現金が余っている状況が続く。

このため、株価はマイナス金利に対してほとんど反応せず、1万6000円台を行き来する状況が続くことになった。

日本経済、最悪のシナリオ

日銀はこうした状況を受け、2016年9月の金融政策決定会合において、量的緩和策に関する総括的な検証を行った。

総括の内容は、デフレ脱却についてある程度の効果があったとしながらも、日銀が掲げてきた2％の物価目標について、原油価格の下落などから実現できていないことを正式に認めるものとなった。また日本におけるインフレ期待の形成メカニズムの特殊性についても触れており、物価目標の実現にはより多くの時間がかかる可能性について示唆した。

その結果、従来の緩和策の枠組みを変更し、**短期金利と長期金利の目標を定める新しい措置**を導入することになった。

具体的には短期金利についてはマイナス0・1％、長期金利については0％程度で推移するよう、マイナス金利や国債の買い入れを実施する。これによってイールドカーブの傾きはある程度保たれることになる。

イールドカーブの傾きが維持されれば、銀行は収益を維持することができる。今回の措置は、量的緩和策の限界を日銀が認め、その弊害を軽減するためのものと解釈してよいだろう（銀行収益とイールドカーブについては本章で後述）。

つまり、日銀の決定は、従来の量的緩和策からの大きな方向転換を意味している。特に重要なのは、**物価目標の達成が困難であることを正式に認め、追加緩和で無理に物価を上げようとせず、長期戦として取り組む姿勢を明確にした**点である。

これは一種の諦めに近いので、物価は低水準が続く可能性が高くなってきた。今後、日本の物価がどうなるのかは米国の経済政策次第ということになるだろう。

新大統領であるトランプ氏は大規模なインフラ投資を公約に掲げており、これが実現した場合、米国は金利上昇が予想される。日米の金利差が拡大してくれれば、ドル高円安となり、日本のデフレ圧力は緩和される。

一方でトランプ政権による公共投資がそれほどの規模にならなかった時には、円高が続き、デフレ傾向が強まるというシナリオが有力になってくるだろう。日本の財政について市場が疑問視するような事態となれば、低成長下での金利上昇という悪い展開も十分にあり得るかもしれない。

株式VS債券、どちらが儲かるか

――逆利回り革命

一般的に株式と債券（長期債）の利回りを比較すると、株式の方が低く、長期債の方が高い。株式というのは、その会社の成長を期待して買うものであり、金利のようなインカムゲインではなく、キャピタルゲイン（株価の値上がり益）を狙うというのが常識になっている。

しかし、こうした考え方は、常に正しいというわけではない。

戦後に発生した利回り革命とは

日本で初めて株式市場が作られた明治期から戦後しばらくまでの間、株式の配当利回りは極めて高く、長期債の利回りを上回ることも珍しくなかった。昔の投資家は、企業の成長よりも、毎年の配当を重視していたということになる。

この流れが大きく変わったのが、1950年代である。

高度成長の流れを受けて株価が急上昇を開始し、株式の利回りと債券の利回りが逆転するようになった。1950年1月の日経平均株価は93円だったが、1960年の1月には1000円に迫る状況となっていた。10年で平均株価が10倍になるというすさまじい上昇率である。

株式の方が、利回りが高いという常識が完全に覆ったので、この現象は当時、**「利回り革命」**と呼ばれていた。債券の方が利回りが高いというのは、革命的なことだったのである（153ページの図の左側の囲み）。

その後、株式市場では約50年間、同じような状況が続いてきた。このため、わたしたちは、債券の方が利回りが高く、株式というものは、成長を期待して買うものだという常識を持っている。

ところが最近になって、この常識が再度、覆されようとしている。

リーマン・ショック後の低金利によって、株式の利回りが債券を上回るようになったからである。この現象は、かつての利回り革命にちなんで**「逆利回り革命」**などとも呼ばれている。

リーマン・ショックによって株価が下落したことで配当利回りが上昇するのは自然なことである。配当の金額が変わらず、株価だけが急激に下がれば、配当利回りは当然のことながら上昇する。

通常であれば、株価が回復すれば再び、配当の利回りは債券を下回るはずである。ところが、リーマン・ショックから株価が立ち直っても、債券と株式の利回り逆転現象が続いている。

その理由は3つあると考えられる。

ひとつは、**債券の利回り低下**である。日本は長期のデフレで債券の利回りが低下していたが、量的緩和策とマイナス金利の影響でその傾向に拍車がかかっている。債券の金利がゼロもしくはマイナスになっていることから、多少、配当利回りが下がったところで、債券利回りが配当利回りを上回ることは難しい。問題は、この債券の利回り低下が、単に量的緩和策の影響なのか、経済の将来を暗示したものなのかという部分だが、これについては後述する。

2つ目の理由は、**企業の株主に対する姿勢の変化**である。日本企業の多くは、これまで株式の持ち合いに代表されるように、株主の利益を犠牲にする経営を続けて

長期金利と配当利回りの推移

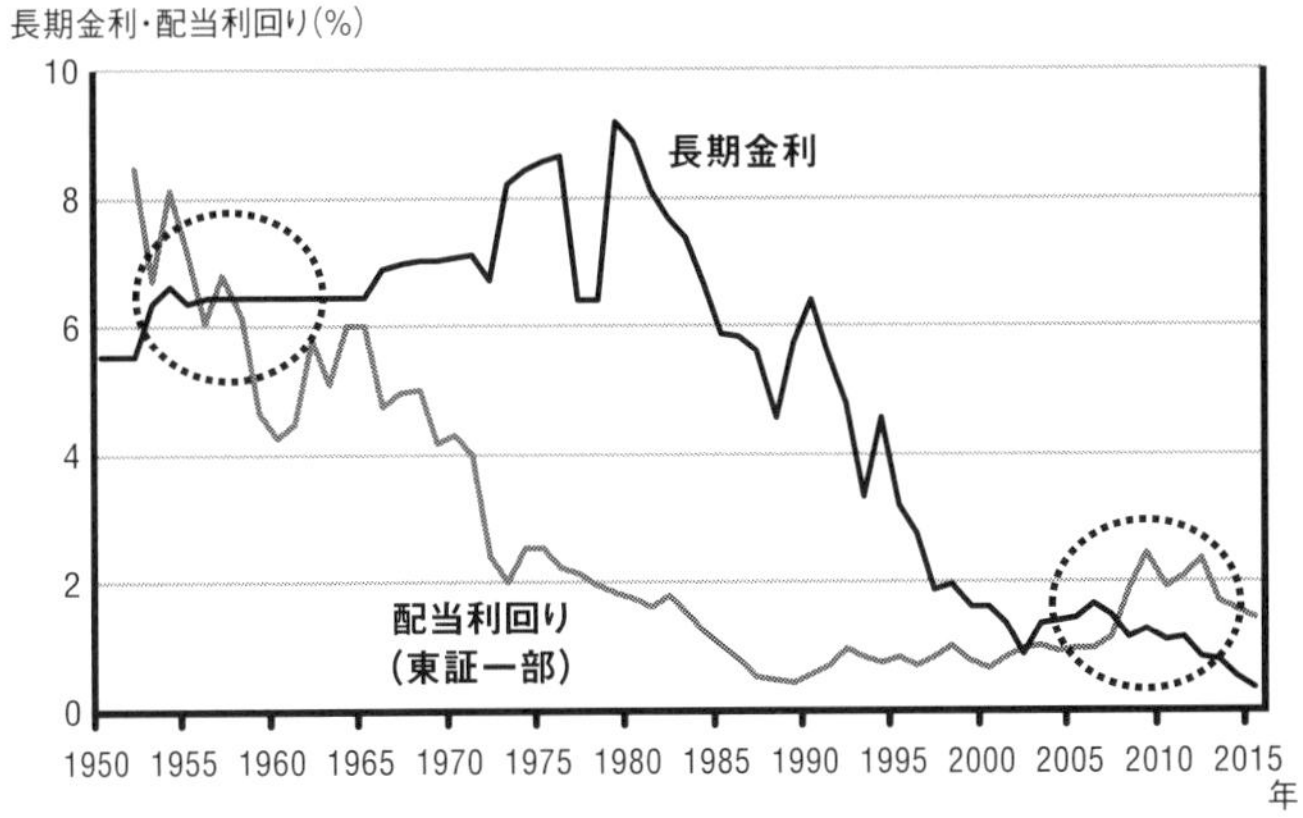

出所)東証、財務省などから筆者作成

きた。ところが、安倍政権がコーポレート・ガバナンス改革をスタートさせ、株主への利益還元を強化する政策に舵を切ったことから状況が一変した。

企業は積極的に株主に対して配当を行うようになり、これによって配当利回りが上昇している。

日本ではガバナンス改革に対する反発が根強く、投資家への利益還元策はなかなか実現しなかった。ここにきて急に改革が進んだ理由は、年金財政が火の車になっているからである。

日本の公的年金は、高齢者に支払う年金の額が、現役世代から徴収する保険料を上回っており、恒常的な赤字となっている。

このままでは年金の財政はいつか破たんしてしまう。このため、安倍政権は年金の積立金を債券からリターンの大きい株式に強制的にシフトさせた。公的年金は今や多くの企業の大株主であり、年金の支払いを維持するため企業に対して高い配当を求めるようになっている。

これまでなかなか進まなかったガバナンス改革が、年金財政の危機によって一気に進んだというのは皮肉と言うよりほかない。

3つ目は、企業に対する**成長期待の縮小**である。

配当利回りが高いということは、配当の額が大きいか、株価が安いかのどちらかである。ガバナンス改革によって配当の絶対額は増えているものの、株価が安すぎるという解釈も成立する。

株価が割高なのか、割安なのかを判断する指標に**PER**と呼ばれるものがある。これは、**現在の株価が、現時点での利益の何倍になっているのか**を示している。

例えば、ユニクロを展開するファーストリテイリングのPERは一時期80倍と高い数字だったのに対して、トヨタ自動車のPERは13倍程度と低い。

ファーストリテイリングは、現時点において80年先の利益まで株価が織り込んでいることを意味しているわけだが、同社の株主が80年間の長期にわたって同社株を保有することを想定しているのではない。同社は、今後、利益成長が続くので、80年待たなくても、投資金額を回収できると多くの人が予想していることからこのPERが許容されている。つまり利益の急成長が見込まれていると解釈できる。

一方、トヨタは安定成長すると多くの人が考えているので、この程度のPERで落ち着いている。つまりPERとは、今後の成長期待ということでもある。

ちなみに日経平均全体のPERは約14倍なのでトヨタとほぼ同水準だが、このところPERには低下傾向が見られる、つまり株価は下がっているので、市場は将来の成長にあまり期待していないということになる。配当額が変わらず、一方で株価は上がらないということであれば、配当利回りは上昇する。

利回りの逆転は日本だけの現象ではない

この3つの要因はすべて日本国内の話だが、実は米国でも同じような現象が起こっている。米国の場合には、量的緩和策が行われているという点では同じだが、以前からコーポレート・ガバナンスが確立しており、最近になって株主重視の配当を行ったわけではない。また米国はすでに量的緩和策を終了しており、人為的に金利が引き下げられる環境ではない。

それにもかかわらず、低金利が続き、株式の方が配当利回りで有利になっているということは、基本的な経済メカニズムが変質しているとのサインではないかと指摘する声もある。

従来は、基本的に経済の成長期待があり、インフレが予想されたことから、長期の金利は短期より高いという状況が続いてきた。しかし、世界的に投資機会が縮小し、潜在的な成長率が低下しているのだとすると話は変わってくる。経済が成長しないと、必要となるお金も増えず、相対的な金余り現象が発生する。その結果、いつまで経っても金利が上昇しないという状況が続くことになる。

現在の利回り逆転現象がこうした長期的なトレンドを示唆しているのかはまだ分からないが、この逆転現象が長期化するようなら、経済システムの変質についても、意識する必要が出てくるだろう。

割安株VS成長株、どちらを選ぶべきか

——銘柄選択の新基準

利回りを起点とした、このような市場の変調は銘柄の選択にも大きな影響を与えている。これまであまり市場では評価されなかった銘柄の株価が大きく上昇するといった異変が起こっている。

上昇相場のフェーズで選ぶべき銘柄

株式投資の世界では、**成長株**と**割安株**という銘柄の分類方法がある。成長株はグロース株とも言われ、売上高や利益の伸びが大きい銘柄のことを指している。ネット企業やソフトバンクなどは典型的なグロース株と言ってよいだろう。一方、割安株（バリュー株）は業績と比較して株価水準が安い銘柄のことを指す。

一般的に、**景気が回復する局面では、業績期待によってまず成長株が買われる。**

その後、相場が過熱し、そろそろ成長株の上昇も頭打ちになるとの懸念が出てくると、今度は割安株が注目されるという流れで相場は展開していく。したがって、相場がある程度、継続すると、どこかのタイミングで割安株が有利になる局面がやってくるというのが基本的な流れだ。

図は日本における割安株指数と成長株指数の比率を示したグラフである。日本株は、バブル崩壊後、ずっと低迷が続いていたが、2003年を大底に、リーマン・ショックによってバブルが崩壊する2008年まで顕著な上昇を見せた。

この間、割安株は2回ほど大きく上昇している（図中の囲み）。これは、2003年から2008年までの上昇局面では、成長株→割安株という銘柄のシフトが2回転したことを意味している。これは相場上昇局面ではよく見られる光景であり、リーマン・ショック前までの相場は非常に教科書的な展開であった。

ところがリーマン・ショック後に到来したアベノミクス相場は様子が違っている。リーマン・ショック直後は、それまで高騰していた成長株が大きく下落するので、見かけ上は、割安株が有利になる。だが現実には、すべての株が下落している状況であり、株式投資には向かない期間が続く。

割安株指数と成長株指数の比率

出所）MSCIなどから筆者作成

問題はその後である。

リーマン・ショック後、しばらく株価が低迷する時期が続くが、アベノミクスがスタートすると株価はみるみる上昇を開始した。1万円を切っていた日経平均株価は一時、2万円を突破するまでになった。

上昇相場が始まった局面では、グロース株が優位になる。アベノミクス相場も、教科書通り、グロース株優位の状況が続いていたが、**その後、やってくるはずの割安株優位の局面は結局、一回も訪れなかった。**

その理由は、株価がピークとなった2015年半ば以降も、引き続き成長株が買われているからである。

しかし、成長株が買われたといっても、いわゆる高成長銘柄が買われていたわけではない。具体的に物色されたのは、食品や製薬、運輸といった、景気変動の影響を受けにくい、いわゆるディフェンシブ銘柄であった。

一般的に、こうしたディフェンシブ銘柄は、割安株の代わりとして選択されるような銘柄ではない。

こうした状況はどのように解釈すればよいのだろうか。

ディフェンシブ銘柄が値上がりするという異常事態

市場の動きを歪ませている最大の原因は日銀の量的緩和策とマイナス金利政策である可能性が高い。

量的緩和策とマイナス金利政策によって、国債の金利はゼロもしくはマイナスとなっており、これまで債券で運用していた機関投資家は運用難に直面している。彼等は国債に代わる運用先を探さなければならないが、うまく条件に合致する金融商品はあまりない。

その結果、債券に投資されていた資金の一部は株式市場に流れてくることになるが、これらは、もともと安全運用を第一にした資金であり、むやみにリスクを取ることはできない。そうなってくると、ソフトバンクやユニクロ、ネット株といった銘柄を買うのは難しい。

公的年金を運用するGPIFもまったく同じ状況である。

安倍政権の政治的決断で株式投資へのシフトが決まったとはいえ、年金の積立金に穴を開けるわけにはいかない。

結果として、流動性が高いものの、**値動きが少なく、安定した収益を上げている高配当銘柄に資金が集中する**ことになる。このような条件に合致するのは、いわゆるディフェンシブ銘柄ということになり、こうした銘柄の値上がり率が異常に高くなっている。

本来の投資理論では、株価の動きが激しい銘柄（リスクが高い銘柄）ほど期待リターンが高いという特徴がある。つまり高いリターンを狙うためには、高いリスクを取らなければならないという投資の基本である。

しかし、公的年金といった巨大なファンドが、債券に代わってこうした安定銘柄を大量に購入した結果、値動きの少ない安定的な銘柄の方がリターンが高いという逆説的な状況が続いている。

これはローリスク、ハイリターンということなので、市場の価格形成機能が正常ではないことを示している。一般論としてはこうした状況は長くは続かない可能性が高く、どこかで大きな調整が行われると考えるのが自然だ。

この動きがいつ現実になるのかは何とも言えない。しかし、株価の大きな調整が行われるきっかけとなるのは、おそらく長期金利の動向だろう。

このまま日銀の緩和的スタンスが続き、市場がそれを追認している間は、金利は低く抑えられ、株式市場では安定銘柄への投資が続くかもしれない。

しかし、量的緩和策の限界が見え始め、長期金利が上昇を始めることになると、一連の流れが逆回転を始める可能性がある。この時には、株式市場はかなりの大荒れとなるだろう。その意味でも、金利の動向には要注意である。

銀行株と生保株はどちらが金利上昇に強いか

──長期金利と金融株、デュレーション・ギャップ

金利の影響をもっとも直接的に受ける銘柄ということになると、やはり**金融株**である。金融機関は基本的に金利差を利益の源泉としているので、金利変動の影響を大きく受ける。

保険と銀行の異なるビジネスモデル

金融機関におけるビジネスの基本は安く資金を調達して、それを運用して利ざやを稼ぐことである。銀行はお金を融資するビジネスであり、生命保険会社は保険のサービスを提供しているので、見かけ上はまったく違った事業形態ということになる。だが、利ざやが利益になっているという点ではまったく同じである。

銀行は預金者から低い金利でお金を集め、その資金を企業に融資したり、国債な

どに投資している。預金者に支払う金利よりも、貸付けや運用で得られる金利の方が高ければ、銀行はその差分を利益にすることができる。これが銀行の利ざやである。

生保の場合、保険商品を売るということは、固定金利で顧客からお金を借りたことと同じになる。30年満期の生命保険であれば、顧客は、30年間、毎月決まった額のお金を保険会社に振り込んでくれる。

保険会社は過去の統計から人が死亡する確率をしっかり計算している。一般的に人は高齢にならないと死亡する確率は上昇しない。つまり保険会社は、先に顧客からお金をもらい、将来、その人が死亡したらお金を返せばよいことになる。死亡した顧客にお金を返すまでの間は、獲得した資金は保険会社が自由に運用してよい。運用で得られた収入が保険会社の利益の一部になる。

では、こうした金融機関にとって金利が変化することはどのような影響があるのだろうか。

日銀は2016年9月、これまでの金融政策の総括を行ったが、8月には総括の影響によって長期金利が上昇するとの観測から金利が急騰する場面があった。

この時の長期金利の動きと銀行株、生命保険株の動きを示したのが図である。銀

長期金利と金融株の関係

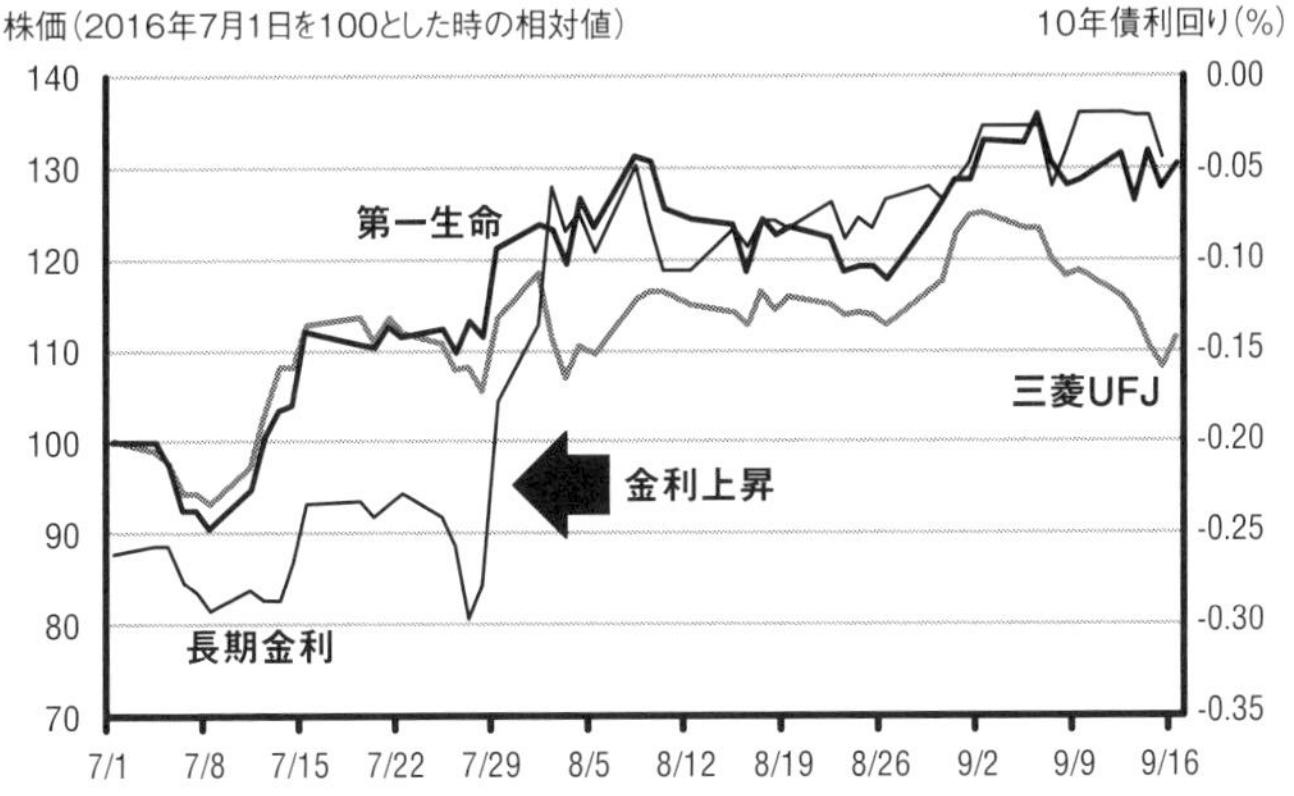

出所）財務省などから筆者作成

行株と生保株については、三菱ＵＦＪフィナンシャル・グループと第一生命の株価を用い、２０１６年７月１日の株価を１００とした時の相対値を示している。

７月29日から８月２日にかけて金利が急騰すると、両者の株価は上昇した。しかし、その上昇幅は第一生命の方が大きかった。三菱ＵＦＪは、その後、株価はむしろ停滞している。

一般的に**金利が上昇すると金融株は有利になる**と言われる。金利が高くなると、第３章で解説したイールドカーブの傾きが急になる可能性が高い。つまり、短期金利と長期金利の差が大きくなってくるので、利ざやも拡大傾向となるからだ。

しかし銀行と生保とでは、その影響はかなり異なる。

銀行は短期でお金を調達して長期で貸し付けることが多い。普通預金はわずかの金利で顧客からお金を集められる便利な手段だが、顧客はいつ預金を引き出すのか分からない。つまり超短期の負債をたくさん抱えていることと同じになる。

金利が上がれば、最終的にはイールドカーブの傾きが急になるので、利ざやが増え、収益も拡大することになるが短期的には別の影響がある。

預金は日常的にお金の出し入れがあるので、金利が上昇すると、預金者に支払う金利もすぐに上昇する。しかし、企業などへの貸付けは数年間の長期契約なので、すべての融資案件で高い金利を獲得できるようになるまでには数年間という時間が必要となる。お金を調達する側の金利がすぐに上昇して、貸し付ける側の金利はゆっくり上昇するので、短期的には銀行は苦しい経営を余儀なくされる。

このため、銀行株については、金利上昇に対して素直に株式市場が反応するとは限らない。実際、8月の金利上昇局面では、銀行株はあまり上昇しなかった。

一方、生保は銀行とはまったく逆の状況になっている。

生命保険は基本的に20年から30年という長期契約である。つまりお金を調達する側の金利は長期で固定されている。一方、お金を運用する側は10年物の国債などに投資しているので、調達側よりも早く金利上昇の恩恵を受ける。金利が上がっても、しばらくは安い金利で調達できるにもかかわらず、運用側の金利が上がるので、短期的には生保の経営はラクになる。

このため**金利が上昇すると生保株は買われることが多い**。今回の金利上昇で生保株が買われた理由はここにある。

デュレーション・ギャップ

この話をもう少し専門的に解説すると、資産サイドと負債サイドにおけるデュレーションの差分ということになる。

デュレーションとは、投資や融資における回収期間のことを指す。お金を提供した側から見れば、回収までの期間のことを指し、お金の提供を受けた側から見ると、お金を返すまでの期間ということになる。

簡単に言ってしまえば、資産サイドのデュレーションは、貸したお金が返ってくるまでの期間、負債サイドのデュレーションは、借りたお金を返すまでの期間である。本来であれば、両方のデュレーションの期間が同じであることがリスク回避という点では望ましい。実際には、ビジネス上の制約や、投資対象などの制限などから、デュレーションにはミスマッチが生じることになり、これを**デュレーション・ギャップ**と呼ぶ。

銀行が保有する資産は短期国債の割合が高く、資産デュレーションは3〜4年程度となっている（地銀はもう少し長い）。しかし、負債については、いつ引き出しがあるか分からない預金であり、1年程度と見るべきである。負債のデュレーションよりも資産のデュレーションの方が長くなっていることが分かる。

一方、生保の場合、超長期の国債を多数保有しており、資産のデュレーションは約12年と銀行より長い。しかし負債サイドのデュレーションは生命保険という商品の性質上、15年程度とさらに長くなっている。したがって生保の場合、負債サイドのデュレーションよりも資産サイドのデュレーションの方が短くなっている。

ここで、利率と利回りのところで言及した、金利が上がると債券価格が下がるという理屈を思い出して欲しい。金利が上昇すると、理屈上、資産として保有している債券の価値が下落するが、値下がり率は短期より長期の方が大きくなる。

銀行では、資産サイドのデュレーションが長いので、資産サイドが長期、負債サイドが短期である。このため銀行では、金利が上がると資産サイドの下落幅が大きくなり、理論的には損失が発生することになる。

生保では、資産サイドのデュレーションが短いので、資産サイドが短期、負債サイドが長期ということになる。資産の下落幅より、負債の下落幅が大きいので、負債が軽くなり、時価会計的には純資産が増えることになる。このため生保は金利が上がると経営がラクになる。

こうしたデュレーション・ギャップが存在していることで、同じ金利上昇や金利低下という事態に対して、銀行と生保では株価の動きが逆転する。

あくまでこれは短期的な動きであり、長期的には、金利が上昇すると、金融機関にとっては利ざやの拡大になり株価にはプラスである。したがって、**金利上昇が継続すると見込まれるのであれば、銀行株の下落は買いのチャンスかもしれない。**

5章

金利から「歴史」を学ぶ

富裕層がお金を集める複雑で狡猾なやり方

――『21世紀の資本』と格差を生み出す「r＞g」の法則

近年、格差問題が議論されるケースが多くなっている。格差というと、富裕層が中間層以下から、半ば強制的にお金を巻き上げているようなイメージを持つ人もいるかもしれないが、富裕層がお金を集める仕組みはもっと複雑で狡猾なものだ。資産家が半ば強権的にお金を巻き上げているのであれば、政治の力でこれを抑制するという解決策があり得る。しかし現実には、**資本主義の仕組みそのものが、富裕層に有利なように出来ており、格差の拡大は構造的な要因が大きい。**このため格差拡大を解決する方法も、そう簡単には見つからないことがほとんどである。

ピケティ理論は日本に当てはまるか

こうした格差の仕組みを歴史的な視点で解き明かしたのが、フランスの経済学者

ピケティ理論検証　その1

＊資本収益率は、国民経済計算の営業余剰を国富で除して算出した

出所）内閣府から筆者作成

トマ・ピケティ氏である。彼の著作である**『21世紀の資本』**（みすず書房）は分厚い学術書ながら世界中で異例の大ヒットとなった。

『21世紀の資本』でピケティ氏は、過去の膨大な歴史データを駆使し、富の蓄積や分配がどのように行われてきたのか実証的に示している。

ピケティ氏は、歴史的にいつの時代も、**資産の収益率（r）が所得の伸び（g）を上回っており、これによって富を持つ人とそうでない人の格差が広がる**と主張している。（r）は要するに金利ということなので、金利の存在が格差の原因になっているという解釈だ。今後は世界経済の成長率がさらに鈍化するので、格差は拡大するとピケティ氏は予測している。つまりピケティ理論のポイントとなるのは、恒常的にr＞gが成立し、格差が拡大し続けるという点である。

そこで筆者は、日本経済において、資産収益と所得の伸びがどのような関係にあったのか、具体的に検証してみた。

ひとくちに資本収益といってもいろいろある。銀行預金の利子と株式投資のリターンでは、当然、収益率が異なってくる。

ピケティは、基本的にマクロ経済におけるストックについて議論しているので、ピケティ理論に従い、まずは国富を資産額として検証を行った。

国富とは国民が保有する金融資産と実物資産の総額から負債を差し引いたもので、あらゆる種類の資産をカバーしている。資産を保有する日本人は、資産を国富という形で投資に回し、そこから収益を得ていると解釈することができる。

国富に対するリターンとして得られた収益としては、マクロ経済における営業余剰を用いた。これはＧＤＰ（国内総生産）の分配面から、雇用者報酬と減価償却および税金を差し引いたものである。つまり純粋に資本から得られた利益の総額を示していることになる。

国富の金額に対して何％の利回りが得られているかが分かれば、資本からの収益率が分かる。

一方、所得の伸びについては、マクロ経済における雇用者報酬を用いた。これは賃金として労働者に支払われたお金の総額なので、これが毎年どの程度、伸びているのかが分かれば、労働者がどれだけ稼ぎを増やせるのかが分かる。

図は、資本からの収益率（国富に対する営業余剰の割合）と雇用者報酬の伸び率の推移を示したグラフである。

ピケティ氏は、資本の収益率が所得の伸びよりも高い時代の方が圧倒的に長いと主張しているが、日本については必ずしもそうとは言えないようである。１９５５年から１９９０年頃までの間は、**理論とは逆に雇用者報酬の伸びが資本収益率を上回っている。**戦後の日本は高度成長が続いており、成熟経済とは正反対の状況だった。ピケティ理論は、近代化がかなり以前から進んでいた欧米経済を主な分析対象としているため、戦後の日本とは状況が違いすぎるのかもしれない。

もっとも日本もバブル崩壊以後は成熟社会に入りつつあり、90年以降については、資本収益率が雇用者報酬の伸びを上回っている。**昭和の時代までは、労働者として働いた方が、資本家として資産を運用するよりも有利**であり、逆に平成の時代以降は、資本家の方が有利になってきている。

マクロ経済的な国富や営業余剰という概念はかなり抽象的なものなので、今ひとつピンと来ないのも事実だ。もっと具体的にイメージできるように、株式投資のリターンと比較してみたのが次の図である。

株式投資によるリターンは、株価の上昇によるものと、配当によるものの2種類がある。ここでは、株価上昇率に配当利回りを加えたものを最終的な株式投資リターンとした。また株式投資リターンは年ごとのブレが大きいので、10年移動平均で平滑化を行っている。

不景気が続くと格差は縮小する

結果は、マクロ経済的な指標を使ったものとは少し異なっている。いくつかの例外的な期間を除いて、いつの時代も雇用者報酬の伸びを株式のリターンが上回って

ピケティ理論検証　その2

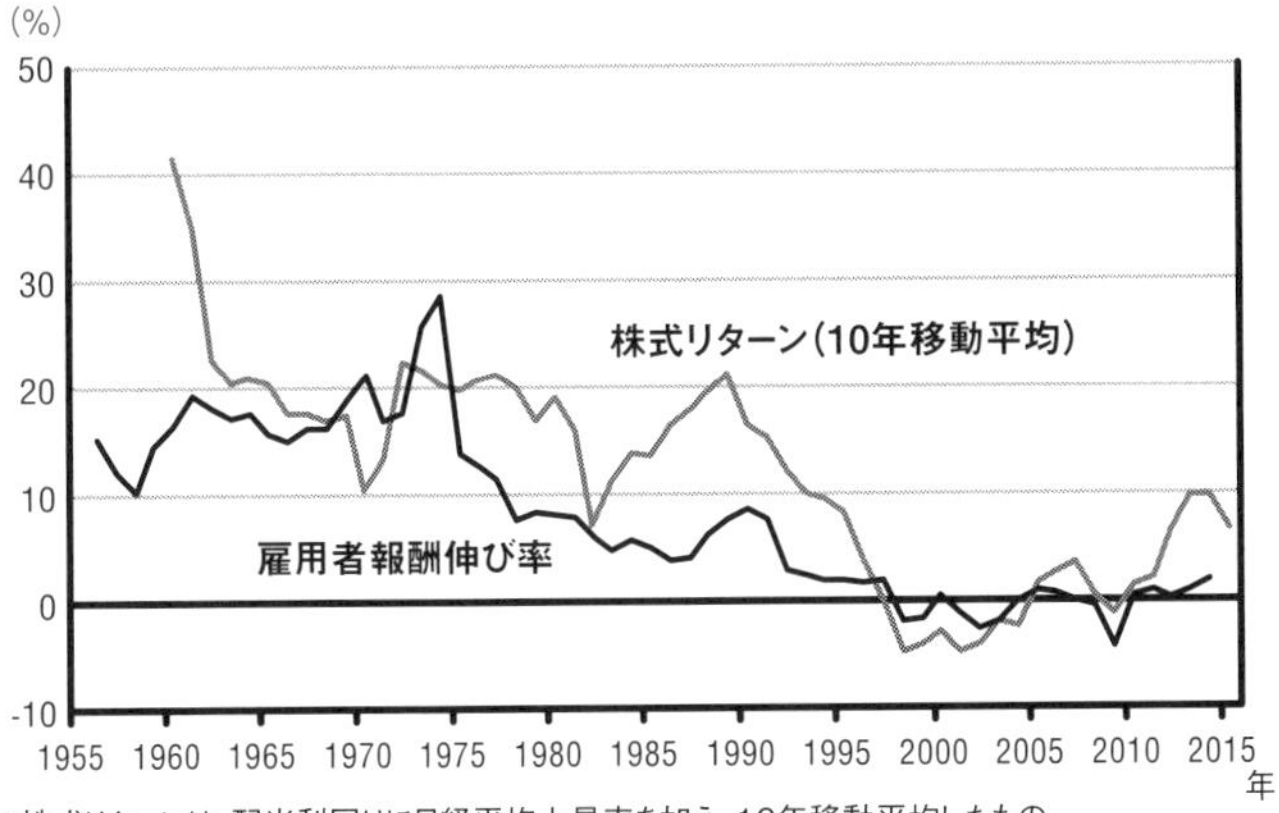

*株式リターンは、配当利回りに日経平均上昇率を加え、10年移動平均したもの

出所）内閣府から筆者作成

いた。この結果は、ピケティの一般的な主張と一致している。株式投資に限定すれば、労働者として働くよりも、投資家として運用する方が有利というわけだ。

ただ、ここで注意しなければいけないのは、グラフが10年の移動平均という点である。短期的に見れば、株価が暴落している局面があり、この部分だけを切り取れば、当然、資本家は大きく損をしていることになる。株式投資が有利といっても、あくまで長期投資が前提である。

グラフの中で特徴的なのは、やはり、失われた20年と言われた1990年代以降の動きだろう。1997年から2004年にかけては、雇用者報酬の伸びを株式リターンが下回っている。この頃は、金融不安が最高潮に達し、日経平均株価が７０００円台まで値下がりしていた。

不況が絶頂となっていたこの時期は、資本家よりも労働者が有利だったということになる。つまり、**不景気が長く続くと、格差は縮小する**方向に動くという解釈が成立する。

この仮説は、その後のアベノミクス相場で状況がどう変わったのかを見れば明らかである。アベノミクスによる円安効果で、２０１３年から２０１５年にかけては株価や不動産価格が高騰した。この時期の資本収益は、雇用者報酬の伸びを上回っている。つまり景気がよくなると格差が拡大、景気が悪くなると格差が縮小するということなのだが、これは非常に皮肉な現象である。

多くの国民が政府に対して景気対策を求めている。それは、富裕層もそうでない人も景気がよくなることを望んでいるからである。一方で、格差の縮小も望んでいる。

しかし**政府の景気対策がうまくいって、経済成長が進むと、逆に格差は拡大してしまう。**経済政策がうまくいかない方が、格差縮小という点では効果的なのである。これは多くの人にとって都合の悪い真実と言ってよいだろう。

世界経済は50年周期で動いている
——コンドラチェフ・サイクル、シュンペーター理論

学説の主流が変化し、最近ではあまり話題に上らなくなったが、かつて景気循環論は経済学における主要なテーマであった。景気や社会現象に周期的な法則があることはかなり以前から認識されており、これを体系化したのが**景気循環論**である。短期的な景気や市場の変動について考える場合には、循環論はあまり役に立たないが、長期的あるいは超長期的な動きを分析する際には大きな威力を発揮する。経済や社会が長期的な循環サイクルで動いているのだとすると、金利の動きにも一定のサイクルが見られるはずであり、その動きを知ることができれば、長いスパンでの景気予測に使えるはずだ。

特に最近は経済のパラダイムが歴史的な転換点を迎えているのではないかとの見方も広がってきている。超長期での金利や景気の動きについて、知っておいて損はないだろう。

経済循環、3つの大きな山

コンドラチェフ・サイクルはロシアの経済学者コンドラチェフによって提唱された約50年を単位とする経済の長期循環である。

コンドラチェフは、英国、米国、フランスの経済動向を調べ、物価、利子、貿易、生産などの指標について140年間に3つの山があることを発見した。

当初コンドラチェフはこれを社会資本投資などの内生的要因と考えたが、その後、シュンペーターが経済成長の文脈としてこれを取り上げ、イノベーション論と結びついたことで理論が大きく発展することになった。現在ではコンドラチェフ・サイクルは、イノベーション、新しい市場（ニューフロンティア）、通貨、戦争、資源など、多くの要因が複雑に関係して発生していると理解されている。

コンドラチェフ・サイクルは50年という長い期間を扱ったものなので、どの時点をサイクルの開始時点とするのか、あるいはピークとするのかで、見解が分かれる。ただ、欧米については、おおよそのコンセンサスが得られていると言ってよい。図は欧米におけるコンドラチェフ・サイクルの概要を示したものである。

欧米における主なコンドラチェフ・サイクル

サイクル名	第1波	第2波	第3波	第4波	第5波
ピーク	1820年	1875年	1920年	1975年	?
技術革新	紡績・鉄道	鉄鋼	自動車	家電	IT
貨幣	金（ブラジル）	金（米国）	金（南ア）	管理通貨制度	量的緩和
ニューフロンティア	フランス	米国	南米・豪州	日本	中国
戦争	ナポレオン戦争	普仏戦争	第一次大戦	ベトナム戦争	イラク戦争
エネルギー	木材	石炭	石油	原子力	エコ

出所）各種資料から筆者作成

第1波は1790年頃を開始時点とし、1820年前後にピークを迎え1850年頃に終了している。

この時代は産業革命の全盛期であり、オランダから英国に世界的な覇権が移り始めていた。貨幣的な側面ではブラジルで大量に発見された金が英国に流入し、貨幣需要を支える役目を果たした。1830年代には英国で全国民を巻き込んだハイテク株（鉄道株）ブームが起こっている。

第2波は1875年前後をピークとするサイクルで、英国が覇権国家として絶頂を極めた時代である。穀物法の廃止によって本格的な自由貿易経済がスタートし、新興国である米国が成長のエンジンとなった。また現代にも通じる経済のグローバル化が進展し、国際的な金融市場の連動性が強まったのもこの時代からである。

自由貿易によって穀物価格が下落したことで消費が急激に伸び、各地で住宅バブルが発生した。最終的には1873年のバブル崩壊によって長期デフレに突入しサイクルが終了している。

第3波は、新興国である米国の急激な経済成長を背景とした景気サイクルである。

第一次大戦によって欧州は疲弊したが、米国には莫大な戦争特需が発生し、米国経済はめざましい成長を見せた。また石油の量産化と自動車の発明という歴史的な技術革新もこれを後押しした。

サイクル上のピークとなる1920年代後半には、世界的な株価高騰が見られた。特に米国はまさにバブル的株価となり、株長者が続出した。当時、もっとも注目されたハイテク銘柄であったゼネラルモーターズ（GM）の株価は、約10年で200倍に上昇している。

しかし、空前のバブルも1929年に発生したニューヨーク市場の大暴落（暗黒の木曜日）で終了となり、その後、世界恐慌へ突入することになった。これによって第3の波も終わりを告げる。

第4波は第二次大戦前後をスタート地点とするサイクルである。世界恐慌後、米国ルーズベルト大統領は、これまでにないレベルの大規模な公共事業を実施し、米国経済を復活させることに成功した。その後、第二次世界大戦が勃発したことで英国は疲弊。大戦後、米国は完全に覇権を握り、圧倒的な経済力で世界をリードした。

この時代のニューフロンティアはまさに日本であり、高度成長の実現によって大きな需要が掘り起こされた。また、金本位制の廃止という歴史的な決断も実施され、経済のグローバル化がさらに進展した。この時代のカギとなるテクノロジーはエレクトロニクスである。

第4波は2000年前後に終了していると考えられ、現在は第5波が始まっているかもしれないというタイミングだ。しかし、第5波の主役が誰になるのかは今のところまだ分かっていない。

金利を見れば、経済サイクルが分かる

では、この第1波から第5波までのコンドラチェフ・サイクルと景気や金利にはどのような関係が見られるのだろうか。

図は英国の金利、GDPとコンドラチェフ・サイクルを比較したグラフである。英国は資本主義を作り上げた国らしく、古いデータがしっかりと記録されている。1700年代から現在までしっかりとした統計データが残っている国は英国しかない。長期金利については、1970年より前はコンソル債の利回りを、1970年以降は長期国債の金利を用いている。

コンソル債は英国で発行されている永久に利子が支払われる公債である。償還されることがないので、利回りと債券価格の関係が非常に明確になるという特徴がある。

GDPの上昇率については上限変動が激しいことから、10年の移動平均を使って数値を平滑化した。長期金利についても同様の処理を行っている。

コンドラチェフ・サイクルと長期金利、GDP成長率の動きを比較すると、ある程度の相関が見られた。

第1波のピークにかけて、長期金利は高めに推移し、ピークを過ぎると長期金利も低下傾向が顕著となった。第2波がピークとなる1875年前後には、GDP成

コンドラチェフ・サイクル

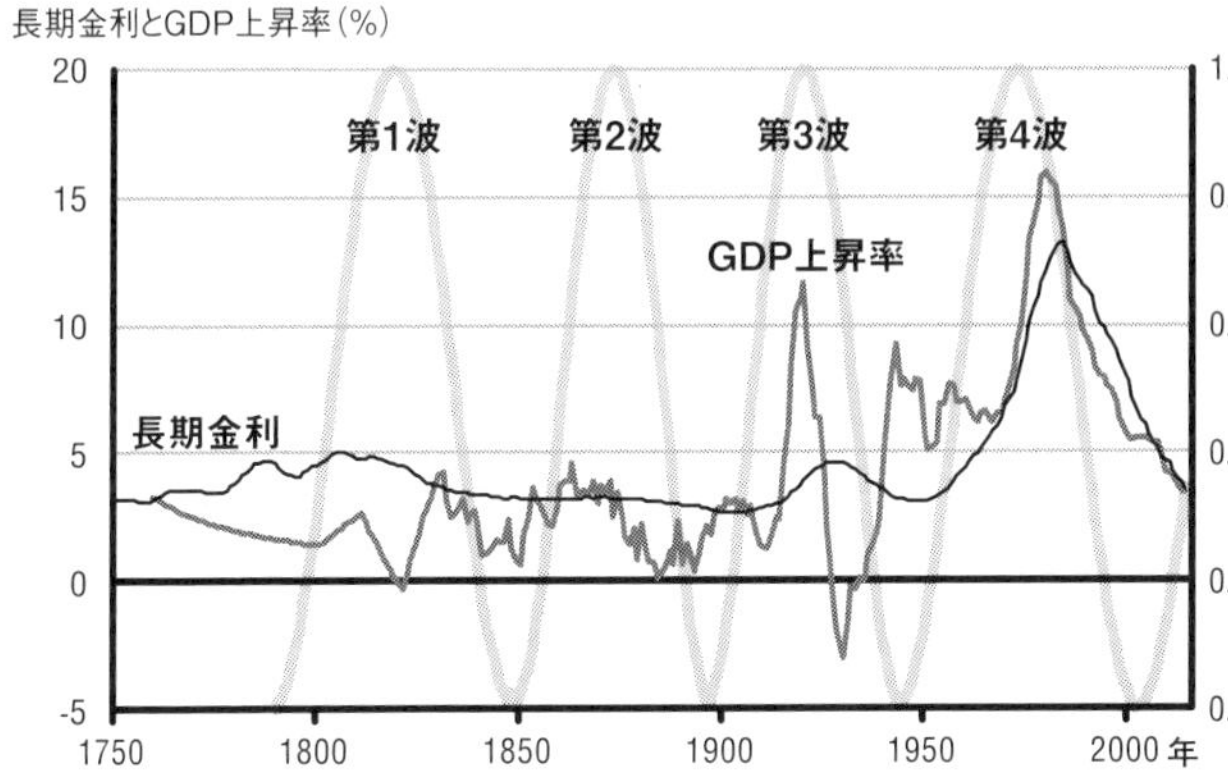

＊長期金利については1970年まではコンソル債、その後は長期国債。10年移動平均

出所）各種資料から筆者作成

長率も上昇していたが、長期金利についてては目立った動きは見られなかった。

第3波については、バブル経済と世界恐慌という極めて大きな出来事が発生したということもあり、GDPの急上昇と下落が見られる。金利も上昇し、ほぼサイクルのピークを境に下落に転じている。

金利と景気の関係がかなり密接になったのは戦後の第4波である。

特に英国や米国でスタグフレーションが発生した1970年代の金利水準と名目GDPの上昇率は歴史的に見ても異常である。その後は、成長率の鈍化と金利の低下が同時に発生しているが、現在もその状況が続いている。

資本主義は限界を迎えたのか

——シェアリング・エコノミーが教える未来

第4波の解釈については議論が分かれるところである。コンドラチェフ・サイクルが約50年周期なのだとすると、第4波はすでに終了し、新しい第5波が始まっている可能性がある。しかし、金利の動きはあまり変化しておらず、新しいサイクルが始まったようには見えない。

バーナンキVSサマーズ論争

コンドラチェフ・サイクル第4波のピークとなった1975年前後は、歴史的に見て大きな折り返し地点だったことはほぼ間違いないだろう。

米国の成長に限界が見え始め、**ベトナム戦争**によって経済は疲弊、ドルの価値が減価するという前代未聞の事態が発生した。米国は**ニクソン・ショック**によって管理通貨制度に移行することで何とか危機を回避したが、ドルを基軸とした経済構造が変質したことは誰もが認める事実である。英国も**英国病**と言われる深刻な停滞が発生しており、米国と同様、危機的な状況であった。

こうした状況は、二人の傑出した政治家によって大きく変わった。米国ではレーガン大統領が、英国ではサッチャー首相が登場し、ともに、減税と規制緩和を軸にした大胆な構造改革を実施したのである。

レーガン大統領の経済政策のことを**レーガノミクス**、サッチャー首相の経済政策のことを**サッチャリズム**と呼ぶが、これらの政策は当初は混乱をもたらしたものの、徐々に効果を発揮し、やがて長期にわたる経済成長を実現するに至った。

持続的な経済成長はリーマン・ショックが発生する2008年まで継続したが、この間、金利は一方的に下がり続けている。リーマン・ショックの後に実施された量的緩和策によって、全世界的な金利低下が進行し、その傾向は今も続いている。

図（185ページ）からも分かるように、コンドラチェフ・サイクルの第4波について、素直に解釈すれば、1975年にサイクルがピークに達し、その後、下降。2000年前後を底に、新しい第5波のサイクルに入ったということになる。

しかし、今のところ、金利の動きは、この新しいサイクルを反映しているようには見えない。リーマン・ショックによって量的緩和策がスタートしたことから、市場ではさらに金利の低下が進んでおり、80年代から継続する金利低下にさらに拍車がかかったと解釈することもできる。

もしそうなのだとすると、コンドラチェフ・サイクルの第5波は始まっておらず、まだ第4波の下落の最中ということなのかもしれない。

現時点が長期的な経済の流れの中でどう位置づけられるのかという点については、経済の専門家の間でも見解が分かれているが、これを象徴する出来事が米国で起こった。それは**バーナンキVSサマーズ論争**である。

クリントン政権時代に財務長官を務めた経済学者のサマーズ氏は、米国はリーマン・ショックが発生する前から長期の停滞フェーズに入っており、現在もそれが続いていると主張している。

米国ではイノベーションの停滞や人口増加率の低下によって有効な投資機会が減ってきており、根本的な需要不足が発生しているというのが彼の見立てだ。リーマン・ショックの引き金となった住宅バブルが過度なインフレを引き起こさなかったのは、そのよい証拠だという。

一方、米国の中央銀行にあたるFRB（連邦準備制度理事会）のバーナンキ前議長は、サマーズ氏とは正反対の主張をしている。

バーナンキ氏は貯蓄が過剰であることは認めているものの、米国は完全雇用に近づいており、需要不足で経済が停滞する状況には陥っていないとの立場だ。

バーナンキ氏の説が正しければ、現在の金融政策を継続することによって、米国経済は持続的な成長を実現できるはずであり、やがて金利は上昇フェーズに入ることになる。サマーズ氏に軍配が上がるとすれば、ある程度の財政出動を行い、需要を作り出していかないとこれ以上の成長は見込めないということになる。金利も当分の間、低い状態が継続する可能性が高い。

しかし、こうした慢性的な金利の低下傾向が、これとは別の要因で発生している可能性もある。それは**富の偏在化**と、**シェアリング・エコノミー**による経済構造の変質である。

経済学者のスティグリッツ氏は、所得格差が拡大したことで、構造的に消費が増えない状態になったことが長期停滞の根本原因だとしている。つまり完全な需要不足である。

富の偏在化が行きすぎると、所得が高い人はそれ以上の消費をしなくなり、所得が減少した人は、生活が苦しくなり、モノが欲しくても消費することができない。その結果、全体としてますます消費が減るという悪循環に陥ってしまう。

これに加えてスティグリッツ氏は興味深い指摘をしている。**新しい経済構造においては、以前ほど資本集約的ではなくなり、社会全体で必要な投資額は減少する可能性がある**という。これはＡｉｒｂｎｂやＵＢＥＲといったシェアリング・エコノミーのことを指していると考えられる。

ネットのインフラを使って既存のリソースを最適にシェアすることができれば、ビジネスに必要となる投資総額は減少する。投資額が減少すると、それに必要な資金も減少するため、カネ余りとなり、金利には低下圧力が強まることになる。

市場は、近い将来、それほど多くの資本を必要としなくなる社会が到来することを察知しており、すでにそれを折り込み始めているのかもしれないのだ。

この話が本当なのだとすると、コンドラチェフ・サイクルの第5波が２０００年からスタートしているという話は腑に落ちる。

シェアリング・エコノミーはつい最近登場してきたビジネスだが、その根本にあるのはインターネットの技術である。ネット技術が本格的に社会に普及したのは、2000年のネットバブル以降のことである。

景気の拡大や株価という点では、80年代後半からリーマン・ショックまで一貫した流れが継続しているように見えていたが、イノベーションという視点においては、2000年に大きな転換点を迎えている。

先ほど筆者は、当初、コンドラチェフ・サイクルは社会資本投資などに関するサイクルとして理解されていたが、その後、シュンペーターらの業績によって、**イノベーションの問題**として議論されるようになったと解説した。

金利の動きはコンドラチェフ・サイクルと相関が高いように見えるが、サイクルのもっとも根本的な動きがイノベーションから来るのだとすると、2000年がサイクルの底だったというのは極めて妥当性の高い見解ということになる。

もし、そのような事態が進行しているのであれば、コンドラチェフ第5波のパラダイムは過去とは大きく異なっているはずだ。答はまだ分からないが、金利が今後どのように推移するのか注意深く見守っていく必要があるだろう。

金利急騰にいかに備えるか

――ジョヴァンニ・アリギ『長い20世紀』

先ほど、筆者は新しい時代において、慢性的な低金利が継続する可能性について言及した。しかし、歴史的に見れば、低金利時代の末期には必ずと言ってよいほど金利が急騰し、経済の主役が入れ替わっている。歴史は繰り返すのだとすると、いずれ金利が急騰し、経済の主役が入れ替わることになる。

資本主義、4つのサイクル

リーマン・ショックをきっかけに資本主義の終焉に関する議論が活発になっている。だがその多くは漠然としたイメージであり、しっかりとした根拠に基づく議論は少ない。

現代の資本主義システムはそろそろ限界に来ているのではないかという疑問は多

資本蓄積サイクルの歴史的変遷

サイクル名	時期	期間	概要
ジェノバ・サイクル	1460年～1640年	180年	イタリア都市国家の金融資本蓄積
オランダ・サイクル	1640年～1800年	160年	アジア進出と金融技術の高度化
イギリス・サイクル	1800年～1940年	140年	産業革命とパックス・ブリタニカ
アメリカ・サイクル	1940年～現在	?	超大国による世界覇権システムの確立

出所）アリギ『長い20世紀』から筆者作成

くの人に共有されているが、満足のいく答は得られていないのだ。

この大きなテーマに対するひとつの「解」を提供しているのがジョヴァンニ・アリギの『**長い20世紀**』（作品社）である。本書は資本主義システムの歴史的展開について16世紀にまで遡って論じたものである。

アリギはマルクス主義的な立場をベースにしており、この点については少し割り引いて考える必要がある。だが、歴史の中に、長期的な資本蓄積サイクルが存在しているという指摘は興味深い。

アリギによると、資本主義の各サイクル内において、資本はまず生産拡大に投入されるという。その後、生産拡大が限界に達すると、今度は金融拡大局面へと進み、最後はそれも限界に来て、最初の生産拡大に戻るという。

実際の歴史に当てはめてみると、過去500年の間に、4つのサイクルが存在しており、最初はイタリア（ジェノバ）からスタートし、オランダ、英国と続き、現在では米国サイクルの最終局面という認識になる。

3つのサイクルはすべて1世紀以上継続しているが、新しいサイクルほどその期間が短くなっているのが特徴である（193ページ図）。

中世のイタリアでは多くの都市国家が出没し、商業が活発化して資本の蓄積が進んだ。だが地理上の発見によって大西洋とインド洋の貿易が台頭してくると、地中海に依存していたイタリアは衰退を始める。

次に勃興したのは**オランダ**であった。アムステルダムでは世界初の本格的な証券取引所が設立され、高度な金融技術が発達した。

オランダの発展をベースに覇権を握ったのは**英国**である。英国は当初、オランダ製品のコピー商品から産業をスタートさせた。

初期の英国製品は、いわゆる「安かろう悪かろう」だったが、英国はたちまち工業国としての実力をつけ、産業革命を成し遂げることに成功した。英国は一気にオランダを抜いて、世界の工場として君臨することになったのである。

産業革命期の英国は、旺盛な設備投資需要に支えられ、経済は順調に推移した。この時代の末期には、全英で鉄道株ブームが発生したが、資本家ばかりでなく主婦や労働者までこぞって鉄道株を購入する騒ぎとなり億万長者が続出している。

その後英国は、ビクトリア時代と呼ばれる絶頂期を経て、1873年から大不況に突入する。

この時代は現代社会とよく似ていると言われる。人々は豊かになったため、かつてほどモノに対するニーズがなくなり、工業製品のコモディティ化が進んだ。新興国の台頭で生産が過剰となり物価が下落してデフレ状態が続いた。人々が保有する豊富なマネーは行き場を失い、金融商品や新興市場（当時は戦争で獲得した植民地）へ殺到している。

デフレ脱却のきっかけはマネタリーなものであった。

1800年代後半にカナダやアラスカ、南アメリカにゴールドラッシュが起こり、金が大幅に増産された。これによってベースマネーが増加しインフレへと転じた

（今でいう緩和政策）。この時代から第二次大戦開戦までが英国サイクルの最終局面ということになる。

英国はすべての海洋の制海権を持ち、グローバルに植民地を展開していたが、この頃からこうした覇権主義的な国家運営は経済的に割に合わなくなってきた。最終的に英国は第二次大戦で疲弊し、覇権国家の座を米国に譲ることになる。

アメリカの時代は終わりを告げたか

一般に、資本蓄積が過剰に進みマネーが余ってしまうと、貨幣需要が減少して金利が低下する。生産が拡大しているうちはよいが、生産拡大も限界になるとマネーは新たな投資先を求めてさまようことになる。これが、金融の拡大局面ということになる。各サイクルの終末期は金融拡大局面の限界点であるため、著しい金利の低下が起こりやすい。

図は過去500年にわたる長期金利の動向を示したものである。本書で定義された各サイクルと当該国における長期金利をグラフ化した。

過去500年にわたる資本蓄積サイクルと金利

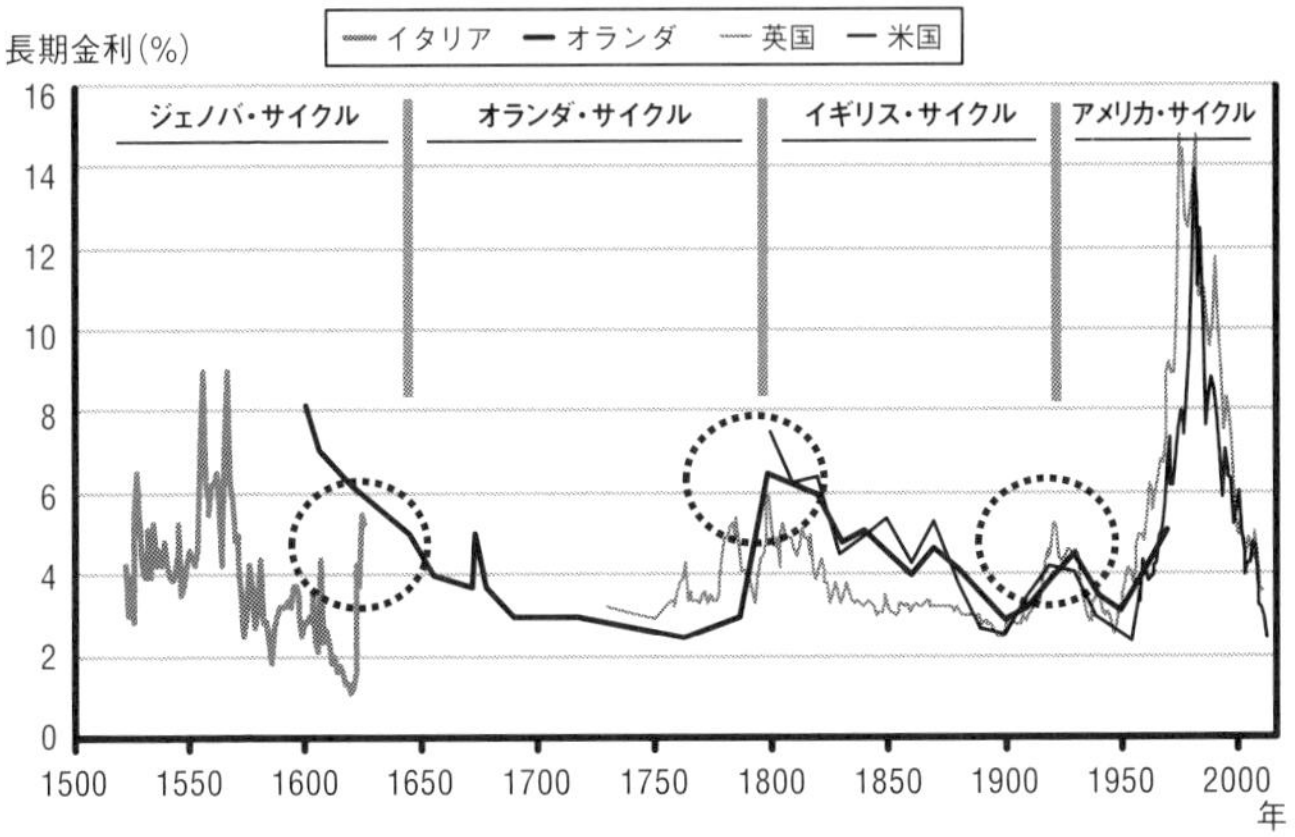

出所）Homer、IMFなどから筆者作成

各サイクルがスタートすると、徐々に金利の低下が起こり、最終局面ではかなりの低金利になっていることが分かる。

長期金利が低下するということは、投資収益が低下することと同じであり、GDPの潜在的な成長率が低下することでもある。

また、時間のコストが限りなく低下するという意味にもなる。もし金利の低下が極限まで進むと、その枠組みでは、経済活動がうまく機能しないという状態に陥ってしまう。

最終的に、その枠組み自体が維持できなくなり、すべてがリセットされる。再構築された新しい枠組みでは旺盛な資金需要があるため、金利は一気に上昇することになる。これが資本蓄積が循環的に推移する理由である。

イタリアからオランダに経済覇権が移ると、金利は1%台から6%台に急騰している。オランダから英国、英国から米国へシフトする際にも、同様に金利が高騰するという現象が見られた。

一連の現象の中で、位置づけがはっきりしないのが、現在のアメリカ・サイクルである。米国は第二次世界大戦をきっかけに英国から完全に覇権を奪い、世界経済のリーダーとなった。英国の金余りと金利低下が終わり、米国に覇権が移ることで、金利は正常化したかに見えたが、1970年代に入ると、今度は、米国の金利が急騰するという事態に陥った。

当時の米国は、インフレと低成長が両立するスタグフレーションが発生しており、金利がかなり上昇していた。当時、米国FRB議長であったボルカー氏がインフレ退治を目的として強烈な金融引き締めを実施したことで、さらに金利が急騰したのである。

だがこの金利急騰が、アメリカ・サイクルの終了で、次のサイクルの始まりなのか、あくまでアメリカ・サイクルの一過程なのかは何とも言えない。

アリギは、80年代以降の日本経済の台頭を根拠に、米国サイクルの終了を匂わせている。だが、この解釈については少し注意が必要だ。本書が書かれたのは1994年であり、当時は日本経済に対する世界の期待は極めて高かった。若い世代の読者の方には信じられないかもしれないが、次の経済覇権を握るのは日本ではないかという議論も存在していたのである。

しかし、現実には日本経済は長期の不況に突入し、経済は横ばいのままで推移した。この間、米国や欧州の経済はめざましい成長を見せ、日本は相対的にかなり貧しくなってしまった。日本が米国の覇権に取って代わるという話は、今となってはまったく非現実な話になっている。

先ほどのコンドラチェフ・サイクルの話と同様、新しいサイクルがすでに始まっているのだとすると、**急激な金利の上昇はこれからやってくる**可能性がある。あるいは、例外的に金利上昇を伴わず、新しい経済フェーズに移行することになるのかもしれない。ただ、大規模なインフラ投資を主張するトランプ氏が大統領に選出されたことを考えると、金利が上昇する確率は以前より高まってきたと言えるだろう。

日本株はこれから上がるか、下がるか

――日本株、130年の推移から未来を読む

日本は欧米よりも近代化の歴史が短いので、何回もコンドラチェフ・サイクルを経験しているわけではない。日本のコンドラチェフ・サイクルについては、いくつかの考え方があるが、1925年頃と1980年頃をピークとする2つのサイクルが存在すると言われている。

長期金利とコンドラチェフ・サイクルには一定の相関があることが分かっているので、日本の歴史的な金利の動きが分かれば、日本のコンドラチェフ・サイクルについてもある程度、推測できると考えられる。

日本株における2回の大きなピーク

日本で株式を売買するための取引所が開設されたのは、1878年（明治11年）

公定歩合の歴史的推移

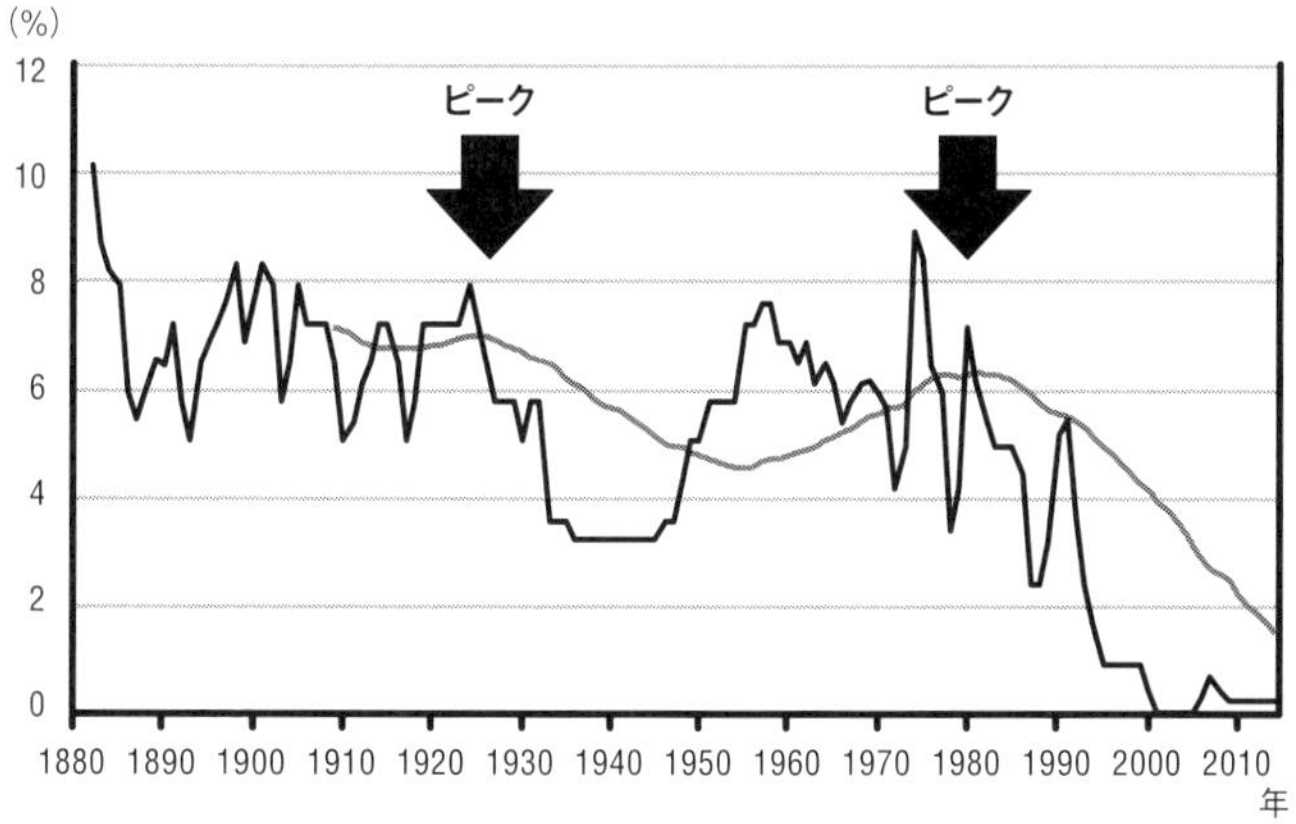

出所）日銀から筆者作成

であり、明治維新からそれほど時間を置かずに資本市場は整備された。また身分制度の廃止に伴う旧士族に対する手当てとして、金禄公債と呼ばれる国債が発行されていた。これは士族に対する手切れ金のようなものだが、大量の国債がすでに市中に存在していたので、債券市場も同時に整備されることになった。

ただ、当時の国債については、発行利回りに関するデータは豊富に残っているものの、流通利回りに関するデータは乏しい。また戦後についても1965年に国債発行が再開されるまでは、利付電電債など、限られた商品しか流通しておらず、連続した金利データを得にくい。

一方、日銀が民間銀行に資金を貸し出す際の基準金利である公定歩合は、2006年に名称変更を行うまで、日本の中央銀行における重要な政策金利のひとつだったこともあり、かなりの連続性が保たれている。

したがって、長期金利とは異なるが、公定歩合の推移を見れば、長期的な金利の動きについてはおおよそ把握することが可能である。

図は日本の長期的な公定歩合の推移を示したものだ。公定歩合は段階的に上下するので、30年の移動平均を使って平滑化したグラフも追加してある。

長期的に見ると、日本の公定歩合は循環的な動きをしていることが分かる。また1925年前後と1980年前後に循環のピークが観察される。日本におけるコンドラチェフ・サイクルは、1925年前後と1980年がピークになっているようだ。

1925年（大正14年）は、戦前期の日本における大きな転換点となった年である。日本は当時、日英同盟を結んでいたことから、第一次大戦においては英国側についたが、実質的にほとんど参戦する必要がなく、戦争の被害を受けなかった。それればかりではなく、大戦で欧州全土が戦場になったことから、日本企業には多数の受注が舞い込み、空前の戦争特需となった。

日本中が好景気に沸き、庶民の生活水準も大幅に向上した。大正時代は、非常に平和で豊かな時代だったのである。

しかし大正時代が終わり、昭和に入ると、世界恐慌が発生し、日本経済は壊滅的影響を受けることになる。日本は、外交的にも孤立化を深め、最終的には国力を無視した戦争へと突き進んだ。

1925年は、後に軍国主義の代名詞ともなった治安維持法が成立した年でもある。この年は、豊かで平和な大正時代から、暗黒の昭和へと進む、まさに中間地点であった。

1980年もまさに時代の転換点と言ってよい。

日本はプラザ合意をきっかけにバブル経済へと突入し、日経平均株価は4万円を窺う状況となった。まさに戦前の大正期と同じような好景気を享受したが、その後、バブルは崩壊。25年にわたる長期不況がスタートすることになる。

あくまで結果論かもしれないが、**金利の推移は、日本経済の長期的な転換点を見事に反映していた**ことになる。

次の図は日本株の推移とコンドラチェフ・サイクルを比較したチャートである。

株価は過去100年で最大で2000倍にも上昇しているので、通常のグラフでは表記できない。このため、現時点での物価で調整した株価を記載している。

日本の株式市場は、歴史的に見て、極めて大きな2つのバブルで構成されている。ひとつは第一次大戦特需による戦前のバブル経済、もうひとつは1980年代のいわゆるバブル経済である。

金利から導き出したコンドラチェフ・サイクルは多少のズレはあるものの、株価の動きとも一致している。日本は太平洋戦争の敗北によって、経済や財政が破たんするという経験をしている。終戦の前後において、コンドラチェフ・サイクルが大きな底になっているという事実も非常に興味深い。

もし、このコンドラチェフ・サイクルが継続しているのだとすると、**現在の日本経済はちょうどサイクルの底**に位置していることになる。順当に解釈すれば、日本の金利はこれから、徐々に上昇を開始し、それに伴って株価も上がっていくというシナリオが予想される。

アベノミクスがスタートした当初、円安とインフレ期待によって株価は急上昇を見せた。その後、持続的な成長が実現できた場合には、徐々に金利も上がっていく

コンドラチェフ・サイクルと日本の株価

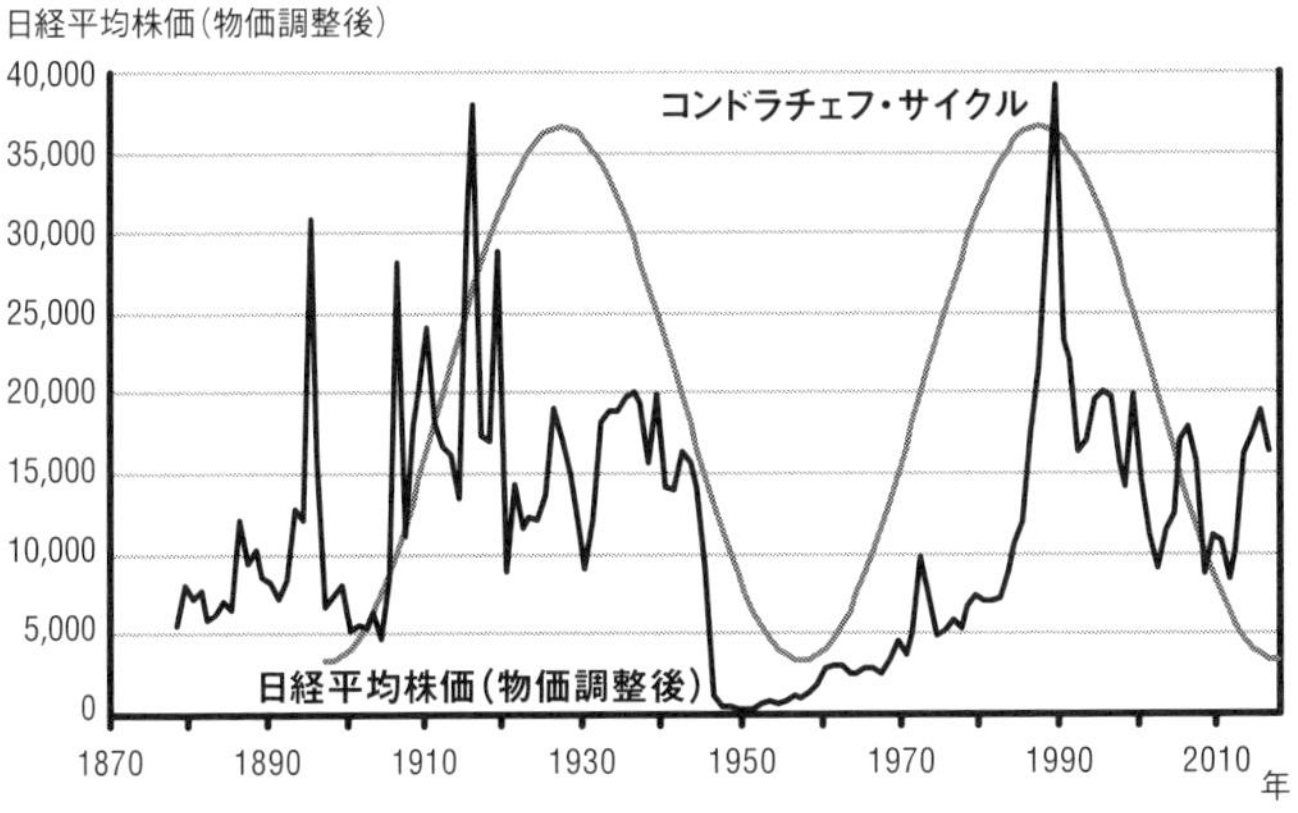

出所)各種資料から筆者作成

という展開が十分に予想できたはずである。

しかし、最近になってアベノミクスに対する限界が指摘されるようになり、足元では物価上昇率が低下、一部ではデフレが復活するとまで言われるようになった。今のところ、金利が急上昇するという展開は想像しにくい。

もっとも、財政問題の展開次第では、話は変わってくる。

日本財政に対する信認度が低下すると、国債が売られ金利が上昇するリスクがある。そうなると、**インフレが加速し、名目上のＧＤＰが急拡大する**可能性は否定できない。

恐るべきインフレリスクに備えよ
――スタグフレーションとインフレ退治

日本は長期間にわたってデフレが続いてきたので、インフレに対する免疫がほとんどない。インフレを終息させる際に受け入れなければならない痛みについてイメージできる人は思いのほか少ないのだ。

日銀の量的緩和策については限界が指摘され始め、低金利が継続する見通しが高まっている。しかし先ほども触れたように、財政問題に端を発したインフレが発生する可能性は低くない。今の状態で財政インフレが発生した場合、景気低迷とインフレが共存する、いわゆる**スタグフレーション**に陥ることも考えられる。

70年代米国を苦しめたスタグフレーション

1970年代の米国は、オイルショックをきっかけに、物価の上昇と経済の低成長が同時に発生する、スタグフレーションに悩まされた。これは米国の競争力に限界が見え始めたことや、ベトナム戦争の長期化によって財政負担が著しく増大したことが、大きく影響したと言われている。現在の日本にも通じる成熟国家型のインフレである。

図（２０９ページ）は１９７０年代から80年代にかけての米国の物価、株価、金利の動向を示したグラフである。

１９７０年からの10年で物価は約2倍に上昇したが、この間の実質ＧＤＰの成長率は平均３・１％だった。低成長が当たり前の今の感覚からするとそれほど悪い数字ではないが、当時の米国は平均４％台の成長を続けていたという状況を考えると、これは大きな落ち込みであった。

米国企業の競争力は低下し、それに伴って企業収益も悪化していたが、企業はなかなか抜本的な改革を実施できずにいた。

株式市場はこうした状況を如実に反映しており、ダウ平均株価は10年以上にわたって横ばいが続いていた。その間、インフレで物価は2倍になったことを考えると、実質的に株価は10年で半分の水準まで下落したことと同じである。米国経済は、まさに景気低迷とインフレのダブルパンチであった。

1970年代は、政治的にも暗い時代であった。実質的にケネディ大統領が始めたベトナム戦争は泥沼化し、ニクソン大統領は就任直後からその後始末に追われることになる。

しかも1974年には、そのニクソン大統領がウォーターゲート事件で辞任するという前代未聞の事態に発展。1977年に就任したカーター大統領には、政治刷新と景気回復が期待されたが、ほとんど成果を残せないまま4年の任期を終えてしまった。

ニクソン大統領は在任期間中、金とドルの兌換を停止するという、歴史的な決断を行っている（**ニクソン・ショック**）。これによってドルの実質的な価値は大幅に下落したが、ドル安の効果はそれほど大きくは顕在化しなかった。

景気の先行きを懸念するニクソン大統領の意向を強く受けたバーンズＦＲＢ議長は、インフレ懸念があるにもかかわらず、利下げを断行しインフレを一気に加速させてしまった。その後利上げに転じるものの、経済が不調であったことから、議会からは常に利下げ圧力がかかる状況となった。

インフレ（スタグフレーション）と金利

出所）米労働省などから筆者作成

スタグフレーションの場合、インフレと不景気という両方に対応しなければならず、世間からはまったく逆方向の要求が飛びだしてくることになる。もし、日本においてそのような状況が発生した場合には、かなりの政治的混乱が起こることを覚悟しておいた方がよいだろう。

ＦＲＢはしばらくの間、思い切った手を打つことができず、時間だけが経過する状況となった。本格的なインフレ抑制策に乗り出すことができたのは、後にインフレファイターと呼ばれたボルカー議長が就任した１９７９年以降のことである。

デフレよりもインフレの方が圧倒的に厄介

ドイツ系だったボルカー氏は、一部の金融関係者からは「石頭の堅物」と陰口を叩かれるほど愚直な人物であった。インフレに対して徹底的に対処するというボルカー氏の苛烈な姿勢がなければ、インフレ抑制はうまくいかなかっただろう。

もっともボルカー氏は、ただの石頭ではなく、実は非常に交渉上手でもあった。彼は、利上げを行えば議会から激しい突き上げを受けることが分かっていたので、目立ちやすい政策金利ではなくマネーサプライを政策目標に切り替えると宣言した。これは一種の情報戦で、ウラでは矢継ぎ早に利上げを実施し、強烈な金融引き締めに転じたのである。

ボルカー氏は当初10%前後であったFF金利（米国の基準となる政策金利）を一気に20%まで引き上げたため、金融市場は大混乱となった。信用収縮が起こり、実質GDPもマイナス成長に転じたが、ボルカーはひるまず引き締めを続行した。長期金利は一時16%近くまで上昇している。

ボルカー氏の強硬な姿勢によって、米国を苦しめたインフレはようやく沈静化に向かって動き始めた。

1981年には「強いアメリカ」を標榜するレーガンが圧倒的な支持で大統領に就任。レーガン大統領は、歳出削減、大型減税、規制緩和、マネーサプライ抑制（ドル高政策）を主軸とする経済政策（レーガノミクス）を発表し、市場には大きな期待感が生まれた。82年には、とうとうインフレが沈静化し、株価も上昇に転じることになった。米国のスタグフレーションは、ボルカー氏による徹底的な金融引き締めと、レーガン大統領の大胆な経済政策によってようやくその悪循環を断ち切ることができたのである。

一連の経緯を見ると、ひとたび**インフレが発生すると、その抑制は容易ではない**ことが分かる。デフレが蔓延している時は、インフレになればすべてが解決するかのような幻想を抱きがちだが、現実には過度なインフレの方がずっと厄介である。

実は、日本も太平洋戦争後、準ハイパーインフレとも言うべき激しいインフレを経験している。そして、このインフレを終息させる目的で、かなり苛烈な政策を実施しているのだ。

日中戦争と太平洋戦争の名目上の戦費総額は約7600億円となっており、これはGDP比では33倍、国家予算（一般会計）に対する比率では280倍という途方もない数字であった。

　日本政府は戦費のほとんどを日銀による国債の直接引き受けで調達したことに加え、度重なる空襲で日本の生産設備の50％以上が稼動不能となり、極端な供給不足に陥っていた。このため終戦後にはインフレが一気に爆発することになり、日本は猛烈な物価高に襲われた。

　太平洋戦争開戦時から終戦後インフレが終息する1952年までの間に物価は180倍近くにまで上昇している。

　このインフレは単純な金融引き締めでは解決できず、もっと暴力的な方法で解決が図られた。具体的には、預金封鎖と財産課税による金融資産の強制徴収である。

　国民の銀行預金は封鎖され、同時に財産税法を公布し、封鎖された預金に対して最高税率90％にも達する税金を課したのである。いったんスタートしたインフレをコントロールすることは容易ではないことがよく分かる。

あとがき　トランプ時代、金利上昇という現実的で最悪なシナリオ

２０１６年11月に投票が行われた米大統領選挙は、トランプ候補の大逆転勝利となった。本書でも何度か触れたが、トランプ大統領の誕生は、世界的な金利動向の転換点となる可能性がある。

トランプ氏は、総額で１兆ドルを超えるインフラ投資の実現を主張している。米国のＧＤＰはすでに18兆ドルの規模があるので、相対的に見るとそれほど大きな額ではないが、投資が実行されれば米国の産業基盤は確実に強化される。

インフラ投資は今後の成長の原動力となるものであり、労働者の所得が増えるな

ど消費にも好影響を与える。需要不足が指摘される現状の米国経済において投資を拡大するメリットは大きいはずだ。

対抗馬のクリントン候補は投資の財源として富裕層課税を掲げていたが、トランプ氏は減税を主張してきた。この方針が変わらなければ、インフラ投資の財源としては国債が充当される可能性が高い。

これだけの規模の財政出動が国債の増発で実施されれば、金利が上昇する可能性が高まってくる。つまり場合によっては、これまで長く続いた慢性的な低金利フェーズの転換点となるかもしれないのだ。

こうした形での金利の上昇が、米国経済や世界経済に対してプラスの影響をもたらすのかは今のところ何とも言えない。

1兆ドル超のインフラ投資が素直に好感され、所得の増加によって消費が拡大する流れになれば、金利の上昇は米国経済の正常化を進めるきっかけとなるだろう。米国の株式市場はもう一段高となるかもしれない。

一方、この投資の効果に疑問符がつき、財政の悪化やインフレだけが懸念される状況になった場合には、金利だけが上昇することにもなりかねない。そうなれば、米国はもちろん世界経済にもあまりよい結果をもたらさないだろう。

米国の金利に動きが出てくることで、さらに難しい舵取りを迫られそうなのが日本である。

もし米国経済が順調に拡大し、それに伴って米国の金利も上昇するという流れになれば、為替はドル高円安になる可能性が高い。日本の製造業は円安で見かけ上の業績が拡大し、輸入物価の上昇でインフレ率もプラスになるので、従来から続くアベノミクス路線を継続することができる。

しかし、米国経済があまりよくない状況で金利上昇が進んでしまうと、日本は少々厄介なことになる。

日本市場は米国市場から大きな影響を受けるので、米国の金利が上昇すれば、日本の金利にも上昇圧力が加わる。場合によっては、日本も低成長下での金利上昇を余儀なくされるかもしれない。

ここで大きな問題となってくるのが、量的緩和策との整合性である。

日銀は金融政策に関する総括検証を経て、量を追求する従来の緩和策を事実上撤回している。その理由は、現実的に購入できる国債の残高が限られており、近い将来、国債が買えなくなる事態が考えられるからである。

だが、米国に釣られて金利が上昇してしまった場合、これを抑えるため、日銀は追加緩和に踏み切らざるを得なくなる。一方、金利の上昇を放置した場合、今度は政府の財政に極めて大きな悪影響が生じてしまう。

日本政府は1000兆円を超える借金を抱えており、世間では財政が破たんする懸念が議論されているが、日本が今の状態で破たんする可能性はほぼゼロと言ってよい。だが、日本人が憂慮すべきなのは、財政破たんといった極端なケースではなく、金利の上昇リスクである。

今の政府債務のまま金利が数%に上昇すると、日本政府の利払いが急増し、予算を組めなくなってしまう。大幅な増税を実施しない限り、超緊縮財政を余儀なくされることになるが、これは経済にとって大きな打撃となる。

これまで低金利が長く続き、日本人の金利に対する感覚は少々麻痺していたと言っても過言ではない。

本書でも解説したように、永久に低金利が続くことは歴史的に見てもあり得ない。トランプ経済がそのきっかけとなるのかは分からないが、金利の動向には細心の注意を払っておくべきだろう。

本書はSBクリエイティブの坂口惣一氏の尽力で完成させることができた。この場を借りて感謝の意を表したい。

加谷珪一

著者略歴

加谷珪一（かや・けいいち）

経済評論家
1969年仙台市生まれ。

東北大学工学部原子核工学科卒業後、日経ＢＰ社に記者として入社。

野村證券グループの投資ファンド運用会社に転じ、企業評価や投資業務を担当。独立後は、中央省庁や政府系金融機関などに対するコンサルティング業務に従事。現在は、金融、経済、ビジネス、ITなど多方面の分野で執筆活動を行っており、ニューズウィーク日本版（電子）、現代ビジネスなどで連載を持つ。億単位の資産を運用する個人投資家でもある。

著書に「ポスト・アベノミクス時代の新しいお金の増やし方」（ビジネス社）「新富裕層の研究 日本経済を変える新たな仕組み」（祥伝社新書）「お金持ちはなぜ、『教養』を必死に学ぶのか」（朝日新聞出版）「お金持ちの教科書」（CCCメディアハウス）「お金は「歴史」で儲けなさい」（朝日新聞出版）「億万長者の情報整理術」（朝日新聞出版）「株で勝ち続ける人の常識　負ける人の常識」（KADOKAWA）などがある。

加谷珪一オフィシャルサイト
http://k-kaya.com/

最強のお金運用術

富裕層だけが知っている 1%の金利の魔法

2017年3月1日　初版第1刷発行

著　者　加谷珪一
発行者　小川 淳
発行所　SBクリエイティブ株式会社
〒106-0032　東京都港区六本木2-4-5
電話：03-5549-1201（営業部）

装丁デザイン　坂川朱音、西垂水敦（krran）
本文デザイン　matt's work（松好那名）
ＤＴＰ　システムタンク（白石知美）
校　正　鷗来堂
編集担当　坂口惣一
印刷・製本　中央精版印刷株式会社

ISBN978-4-7973-8542-7

郵便はがき

料金受取人払郵便

芝局
承認

1386

差出有効期間
平成30年1月
4日まで

106-8790

011

東京都港区六本木2-4-5
SBクリエイティブ(株)
学芸書籍編集部 行

自宅住所 □□□-□□□□	自宅TEL ( )	
フリガナ 氏	名	性別 男 ・ 女 / 生年月日 19 年 月 日
e-mail @		
会社・学校名		
職業 □ 会社員(業種) □ 自営業(業種) □ 公務員(業種) □ 学生 ( )		□ 主婦 □ パート・アルバイト □ その他 ( )
SBクリエイティブ学芸書籍編集部の新刊、関連する商品やセミナー・イベント情報のメルマガを希望されますか?		はい ・ いいえ

■個人情報について
上記でメルマガ配信に合意いただきました個人情報はメールマガジンの他、DM 等による、弊社の刊行物・関連商品・セミナー・イベント等のご案内、アンケート収集等のために使用します。弊社の個人情報の取り扱いについては弊社 HP のプライバシーポリシーをご覧ください。詳細は Web 上の利用規約にてご確認ください
◆ https://www.aqut.net/gm/kiyaku.inc

愛読者アンケート

この本のタイトル（ご記入ください）

■お買い上げ書店名

■本書をお買い上げの動機はなんですか？

1．書店でタイトルにひかれたから
2．書店で目立っていたから
3．著者のファンだから
4．新聞・雑誌・Webで紹介されていたから（誌名　　　　　）
5．人から薦められたから
6．その他（　　　　　　　　　　　　）

■内容についての感想・ご意見をお聞かせください

■最近読んでよかった本・雑誌・記事などを教えてください

■「こんな本があれば絶対に買う」という著者・テーマ・内容を教えてください

アンケートにご協力ありがとうございました

ご記入いただいた個人情報は、アンケート集計や今後の刊行の参考とさせていただきます。また、いただきましたコメント部分に関しましては、お住まいの都道府県、年齢、性別、ご職業の項目とともに、新聞広告やWebサイト上などで使わせていただく場合がありますので、ご了承ください。